ULRIKE RENK

einfach spitze! Krefeld

100 Gründe, stolz auf diese Stadt zu sein.

WARTBERG VERLAG

Bildnachweis:
Titel: ullstein bild-imageBROKER/Thomas Robbin.
Fotolia/Lucky Dragon: S. 7; picture alliance-Hans-Joachim Rech: S. 16, 44, 68;
ullstein bild-image BROKER/Barbara Boensch: S. 23;
ullstein bild-Werner OTTO: S. 26; ullstein bild-Granger, NYC: S. 28;
picture alliance-akg-images: S. 32, 60; ullstein bild-Hellgoth: S. 33;
ullstein bild-B. Friedrich: S. 34; picture alliance-Siemens AG: S. 35;
picture alliance-dpa/Henning Kaiser: S. 37; picture alliance-dpa/Revierfoto: S. 46;
ullstein bild-Süddeutsche Zeitung Photo/Scherl: S. 48;
picture alliance-Horst Dossinger: S. 63; picture alliance-W. Layer. S. 72;
fotolia/egschiller: S. 74; fotolia/Klaus Eppele: S. 75;
ullstein bild-Berliner Illustrationsgesellschaft: S. 77; picture alliance-dpa: S. 78;
ullstein bild-imageBROKER/Thomas Robbin: S. 91.
Alle anderen Fotos stammen von der Autorin.

1 Auflage 2015

Gestaltung und Satz: r2 | Ravenstein, Verden
Druck: Bernecker MediaWare AG, Melsungen
Buchbinderische Verarbeitung: Buchbinderei S. R. Büge, Celle

34281 Gudensberg-Gleichen • Im Wiesental 1
Telefon: 056 03/9 30 50 • www.wartberg-verlag.de
ISBN: 978-3-8313-2903-8

DER NIEDERRHEINER AN SICH

Vor knapp 24 Jahren bin ich nach Krefeld gezogen. Ich lebe hier also länger, als ich sonst wo gewohnt habe. Es gab mal diese Werbung von dem großen Möbelhaus mit dem Elch: Lebst du schon, oder wohnst du noch? Ich lebe hier. Und, mal ehrlich, ich lebe hier gerne. Als Schriftstellerin hat man am Niederrhein viele Vorteile. Einer davon ist der Demsing Genitiv, wie Konrad Beikircher schon feststellte. Und in keiner anderen Region kann man der-die-das in einem Satz unterbringen. Ming Dauter is schwanjer, wenn ech den Nixnotz erwischen tu, der die dat anjetan hät, schlare ech dem duod.
Krefeld kannte ich schon – meist von den Verkehrsnachrichten. Staus auf der A 57 gibt es schon immer. Wir sollten nach Moers Schwafheim ziehen, uns war eine Wohnung angeboten worden. Die Wohnung war gar nicht schlecht, aber mir gefiel es dort nicht. Zufällig wollte die Schwester einer Kommilitonin von mir ihre Wohnung für ein Jahr untervermieten. Die Wohnung gefiel mir, die Stadt auch – also blieb ich. Viermal bin ich allerdings innerhalb der Stadt umgezogen. Es gibt schöne Flecken und hässliche, aber ist das nicht überall so? 100 Dinge über Krefeld herauszufinden, war eine Herausforderung – erst. Aber dann habe ich nach so vielen Jahren so viel mehr über die Stadt erfahren, ich hätte noch etliche weitere Kapitel füllen können. Doch diese 100 Dinge sollten erst einmal reichen, denn Krefeld ist Spitze. Das glauben Sie nicht? Dann lesen Sie mal. Viel Spaß dabei.

Fröhliche Lektüre wünscht
Ulrike Renk

DU SPINNST DOCH!

DEM SIND WIR AUF DEN GRUND GEGANGEN

Krefeld

REICHLICH

WIR BRAUCHTEN PLATZ!

EINS LINKS, EINS RECHTS, EINS FALLEN LASSEN

Denken Sie an Strümpfe, wenn Sie durch Krefeld gehen? Ich nicht. Aber der alte Fritz, der verband unsere Stadt mit wärmendem Fußwerk. Im achtzehnten Jahrhundert war Krefeld nämlich die Hochburg der Strumpfmanufakturen. Friederich der Große soll sehr geizig gewesen sein, sagt man. Einmal habe er sogar ein völlig durchlöchertes Paar Strümpfe nach Krefeld geschickt, mit der Bitte, diese zu stopfen. Er bekam mehrere neue Paare zugeschickt, im Gegenzug bat man darum, die kaputten Strümpfe als Bezahlung behalten zu dürfen. Falls das stimmt, war das ein toller Werbezug, denn der König bestellte daraufhin mehrfach Strümpfe in Krefeld, sogar welche mit Pelz, und bezahlte auch. Ganz schön clever von den Strumpffabrikanten, oder?

ABSTEIGE

Das klingt so negativ, ist es aber gar nicht, denn angeblich soll der Ortsteil Königshof den Name Absteige erhalten haben, weil hohe Gäste im dortigen Gasthaus abgestiegen sind.
Das Restaurant Korff war früher mal das Wohnhaus des Großbeeckerhofs – einem landwirtschaftlichen Betrieb. 1792 wurde das zweigeschossige Wohnhaus an der Kölnerstraße errichtet. Die Familie war von Haus aus sehr umtriebig und hatten reichlich zu tun. Sie betrieben nicht nur Landwirtschaft, sondern auch eine Schankwirtschaft, eine Brennerei, eine Brauerei, Kohlenhandel und eine Poststelle und durften am Schlagbaum Wegegeld erheben.
Nun hießen viele Wirtshäuser „Königshof", auch ohne als royale Absteige gedient zu haben. Doch im Korff ist 1794 der Bruder von Marie Antoinette, der Kurfürst und Erzbischof von Köln, Maximilian Franz, bewirtet worden. Napoleon Bonaparte war sogar zweimal da – 1804 und 1811. Der preußische König Friederich Wilhelm III war 1821 zu Besuch. Er soll dem Gasthaus den Titel „Zum Königshof" verliehen haben. Ob das wirklich stimmt? Königlich speisen kann man im historischen Ambiente auf jeden Fall. Und Wegezoll braucht man heute zum Glück nicht mehr zu zahlen.

Was für Preise!

Das möchte man gewöhnlich nicht ausrufen, wenn man Essen geht. Das Chopelin – der frische Franzose in Krefeld-Uerdingen hat aber auch so einige Preise anzubieten. Er wird im Restaurantführer Michelin erwähnt, im Gault&Millau hat er 2015 sogar zwei Kochmützen und 15 Punkte erhalten, die Gerolsteiner Bestenliste setzt das Restaurant auf Platz eins in Krefeld. Bei so vielen Preisen ist das Essen nicht etwa preiswert, aber das Preis-Leistungsverhältnis ist durchaus angemessen. Außerdem bietet der Chefkoch manchmal Kochkurse an – die sind aber erfahrungsgemäß sofort ausgebucht – da muss man schnell sein.

BIST DU VIELLEICHT SPRÖDE!

Quasi mitten in der Stadt liegt der Sprödentalplatz. Hier startet der Zug an Karneval, falls mal ein Zirkus nach Krefeld kommt, steht er auf dem Platz, Weihnachtsbäume werden dort (allerdings nur ab Ende November bis zum 23. Dezember) verkauft, die Rheinische Landesausstellung fand auf dem Platz statt, und natürlich lockt uns zweimal im Jahr die Kirmes dorthin.

So manches Schätzchen kann man auf dem Sprödentrödel finden.

Früher, also ganz früher, lag das Gelände im Wald. Danach zwischen Bockum und Crackau und da es sehr sumpfig war, wollt es keiner haben. Erst 1804 erwarb der Justiziar Josef Oliver Massot das Landstück. Er ließ Drainagen legen, Gräben ziehen, legte Teiche an und machte das Gelände somit urbar. Aber dann versumpfte das Gebiet wieder und fiel schließlich am Ende des 19. Jahrhunderts an die Stadt. Na, die wird sich gefreut haben.

Doch dann wurde die städtische Kanalisation gebaut und seit 1924 ist der Platz der städtische und offizielle Messe- und Kirmesplatz.

Etwa 40 000 Besucher – Sie und unzählige andere Niederrheiner, Ruhrgebietler und sogar die Holländer – strömen fünfmal im Jahr zum Sprödentrödel, zu „Kitsch, Kunst und Co".

Alle lieben diesen Markt! Nun gut, mag jetzt jemand denken, der den Sprödentrödel nicht kennt. Trödelmärkte gibt es jedes Wochenende auf den großen

Parkplätzen der Kaufhausketten wie Real oder Metro. Aber das sind Ramschmärkte mit billigen Neuwaren. Neuwaren sind auf dem Sprödentrödel nicht zugelassen – Ramsch schon, aber der kommt aus dem Keller oder vom Speicher der Oma. Und es gibt Schätze und Schätzchen, Klamotten und Geschirr, Spielzeug und echte Antiquitäten. Bis zu 900 Trödler sind jedes Mal auf dem über 52 000 Quadratmeter großen Platz, er gehört zu einem der größten Märkte seiner Art. Das letzte Mal habe ich eine alte Küchenhexe entdeckt – einen gusseisernen Ofen – und beinahe eine Schnappatmung bekommen. Meine finanziellen Mittel reichten leider nicht aus, so musste ich mich mit einer kupfernen Pfanne begnügen – aber die war wirklich ein Schnäppchen. Und ich freue mich schon darauf, beim nächsten Sprödentrödel wieder zu versumpfen.

Reichlich Bier, das zeichnet das Oktoberfest aus.

Turbo!

Das Oktoberfest in München setzte 2001 neue Zapfmaßstäbe: 1 Liter Bier in nur 3,3 Sekunden! Die Firma CMB Schankanlagen aus Krefeld machte es mit ihrer neuen Technologie möglich. O'zapft is – Prost!

DU SPINNST DOCH!

Die Seidenbarone aus Krefeld erwähne ich immer mal wieder in diesem Buch, deshalb erzähle ich erst einmal von ihnen. Sie waren freie, unabhängige Männer mit weitreichenden Sonderprivilegien und nicht alle waren wirklich adelig. Wer waren sie und wie kam es überhaupt dazu? Na, die Geschichte kennen wir Krefelder ja – die Oranier sicherten allen, die nach Krefeld kamen, Glaubensfreiheit zu. Und deshalb kamen die Mennoniten hierher. Das begann etwa 1607. Und da kam auch der erste von der Leyen in die Stadt. Der stammte aus Radevormwald, da gibt es einen Ortsteil Leye – von der Leye eben. Das „n" wird sich aus sprachtauglichen Gründen angehängt haben.

Adolf von der Leyen führte einen Seidenwarenhandel, Peter von der Leyen gründete die erste Nähseidenfabrik. Johann, Friederich und Heinrich bauten eine Seidenfärberei auf. Und ab jetzt wird es kompliziert. Friederich und Heinrich gründen eine neue Firma. 1769 wird Friedrich Heinrich von Friedrich von der Leyen geboren. In der Zeit gibt es noch mindestens einen weiteren Friederich, einen Heinrich, einen Peter und noch andere von der Leyen. Die Familie ist nicht erst heute sehr fruchtbar und hat viele Nachkommen, sie war es immer schon. Damals schien man aber nur ein gewisses Namenskontingent zu haben – Heinrich, Friederich, Wilhelm, manchmal auch Peter oder Gottfried. Das macht es aber schwierig, wenn man verstehen will, wer denn damals was wann und wo ...? Also lassen wir das besser.

Wenigstens hießen sie nicht Kevin, Justin oder Maurice. Wobei das auch egal wäre, wenn die Namen in dieser Häufung vorgekommen wären. Jetzt überlege

Aber bitte mit Sahne

1908 soll der Krefelder Konditor Hermann Wilms papierdünne Tortenböden, Sahne, Mandeln und Nüsse zu einem ganz besonderen Kuchen geformt und ihn halbgefroren serviert haben – die Grillagetorte war geboren. Bis heute gehört sie zu den bekanntesten niederrheinischen Spezialitäten und darf auf keinem Kaffeekränzchen fehlen.

ich gerade, ob Friederich ein früher Kevin war und ob es damals eine Art Friederichnismus gegeben hat – müßige Gedanken.
Jedenfalls kamen die frommen Mennoniten nach Krefeld. Ihr Leben widmeten sie der Arbeit, jede Art von Schund und Tand war verpönt. Das Leben der Mennoniten war schlicht, einfach und deshalb sehr ertragreich. Sie erwirtschafteten Geld, weil ihr Leben auf Fleiß und Tugend ausgerichtet war, aber sie gaben es nicht unnötig aus.
Schleifen, Federn, großartige Hüte, Borten, Strümpfe mit Besatz, Perücken? Nein, das war nicht gottgefällig. Dafür gab man kein Geld aus. Auch nicht für Musik, Vergnügen, Wetten oder andere schändliche Dinge. Zunächst mal. Aber dann wurde das Geld auf dem Konto doch mehr und man konnte sich den zweiten Webstuhl leisten, den dritten, schließlich Leute anstellen und so ... na ja, wie das so geht. Geld haben, kommt von Geld halten. Das konnten die Seidenbarone. Und die Friederich, Heinrich, Friederich-Heinrich, Peter und Gottholds erwarben durch ihre seriöse Art Ansehen. Sie wurden reicher und reicher – eben erfolgreich. Aber sie taten auch viel für die Armen, das darf man nicht vergessen. Es gab Suppenspeisungen, sie erfanden die Rentenkasse, unterstützten die Schulen, spendeten den Gemeinden (und zwar allen Konfessionen) und noch mehr.

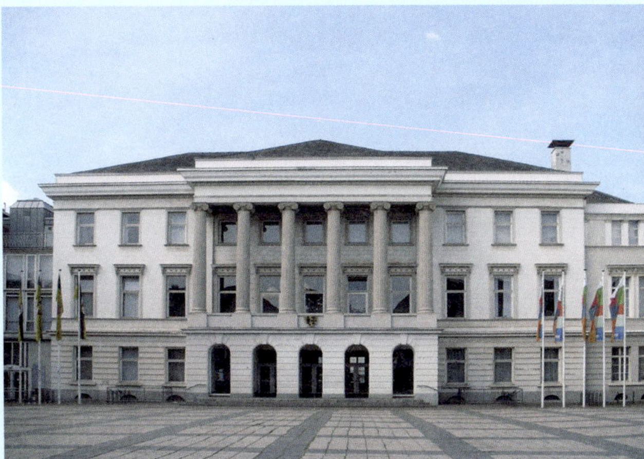

Früher das Palais derer von der Leyen, heute das Krefelder Rathaus.

Nicht nur die von der Leyen gehörten zu den Seidenbaronen, auch die von Beckerath, die Floh, die Rath und andere. Sie blieben gläubig, entfernten sich aber von den ganz strengen Richtlinien. Schöne Häuser, Gewänder, Kunst und andere Dinge wurden ihnen wichtig, neben dem Glauben an Gott. Und das war für Krefeld auch gut so. Ohne unsere Seidenbarone, die erst gar nicht adelig waren, nachher aber den Freiherrentitel erlangten, würde es vieles in Krefeld nicht geben. Sind Sie jetzt gewillt, den Hut vor ihnen zu ziehen? Machen Sie es nicht. Den Hut zieht man nur vor Gott, vor niemandem sonst. Das war ihre Überzeugung und sie hat die Seidenbarone mehr als einmal in Schwierigkeiten gebracht. Der Stadt brachten sie Ansehen und Reichtum. Damals.

DEM SIND WIR AUF DEN *GRUND* GEGANGEN

Eigentlich war es Kohle, wonach man im Bruch suchte. Schließlich gab es die in Neukirchen-Vluyn. Warum nicht auch in Krefeld? Aber die Bohrungsergebnisse waren in den 1880er-Jahren eher dürftig. Kohle kann man aber auch mit anderen Dingern machen, nicht wahr? Und als man in ca. 280 Metern auf eine Quelle stieß, leuchteten die Augen einiger Geschäftsleute auf. Eine Heilquelle sollte es sein. Krefeld als Kurort – das wäre doch was. Vier Meter hoch schoss das Wasser reichlich aus dem Boden. Und nach einigen Untersuchungen stand fest, es hilft gegen Gicht und allerlei andere Katarrhe. Und vielleicht würde es der Stadt Ansehen bringen. Eine Gesellschaft wurde gegründet, ein Kurhaus im Stadtgarten erbaut. Das wissen Sie nicht? Wirklich nicht? Krefelder Sprudel ist Ihnen kein Begriff? Macht nichts.

Im Zweiten Weltkrieg wurde das Kurhaus getroffen und zum Teil zerstört. 1955 träumten einige Bürger vom Wiederaufbau und wollten sogar nebenan ein Freibad errichten. Aber das Haus diente zunächst als Obdachlosenasyl, bevor es 1960 endgültig abgerissen wurde.

Heute ist dort, wo einst die Quelle war, ein Restaurant.

Da sprudelte der Krefelder Sprudel schon lange nicht mehr. 1929 hatte der Druck aus dem Untergrund derart nachgelassen, das Pumpen helfen mussten. Heute erinnert ein Restaurant am Flünnertzdyk an die Quelle, die längst versiegt ist.

HANDGEKLAPPERE FÜR SEYNE HOCHWOHLGEBORENEN

Jedes Jahr zu Pfingsten, das wissen wir alle, tobt der Mob an der Burg Linn. Der Edle Otto de Linne und sein Bruder Gerlachus rufen Albert der Are und Heinrich von Strünkede zum Turnier. Nun hätten diese Herrschaften gar nicht aufeinander-treffen können – aber das tut dem Spaß keinen Abbruch. Auf der Ritterwiese tummeln sich die Burschen und Knappen, die Mädchen und Mägde in Gewandungen, Rüstung und Holzschuhen. Es gibt das Ritterlager, Pferde, Hunde, Feuer und Zelte. Mittelalterliches Leben wird gezeigt. Außerdem werden reichlich viele der beinahe ausgestorbenen Berufe vorgeführt, darunter zum Beispiel Lehmbauer, Mollenbauer, Waffenschmiede, Scherenschleifer, Blaudrucker, Seifenmacher, Perückenmacher, Zylindermacher und andere. Auf der Burgwiese sind der Falkner mit seinen Raubvögeln, das Puppentheater und die Bänkelsänger unterhalten die Besucher, Essen und Trinken gibt es reichlich. Und ich gehe mit einer Tasche voller Messer zielstrebig in den Hof der Vorburg – denn da steht der Messerschleifer. Ich bin ambitionierte Hobbyköchin und habe einige sehr teuere Messer, die ich jedes Jahr dort schleifen lasse.

Burg und Stände heutzutage.

Denn scharf müssen sie sein und das werden sie dann wieder. Vielleicht brauchen Sie das nicht, sondern einen Hut, einen Regenschirm, Bonbons oder schönen Schmuck, ein Seil oder – ach, was weiß ich. Vielleicht kommen Sie einfach nur zum Gucken.

Diplom für den Geschmack

Als „Haus der Biere" ist der Dachsbau in der Hubertusstraße bekannt und bietet eine große Auswahl, denn man kann 25 verschiedene Flaschenabfüllungen und 18 Fassbiere probieren. Außerdem bietet der Dachsbau ein dreistündiges Bierseminar an. Danach wissen Sie, wie man Bier braut und worin die Geschmacksunterschiede bestehen. Als Abschluss gibt es sogar ein Diplom.

WIR BRAUCHTEN PLATZ!

Krefeld ist eine Großstadt, nicht wahr? Deshalb brauchte Krefeld ganz dringend eine Mehrzweckhalle, finden Sie nicht auch? Egal wie Sie oder ich das finden – wir haben eine, den Königspalast an der Westparkstraße.
Eishockey ist schon seit Langem DER Sport in Krefeld. Schwarz-Gelb – Kämpfen und Siegen! Ja, wir lieben unsere Pinguine, die Krefelder Eishockeymannschaft. Und wir haben drei (sic!) Eislaufhallen in Krefeld – alle nebeneinander. Die alte Werner-Rittberger Halle, die Rheinlandhalle und gegenüber den Königspalast. Das ist ziemlich viel für eine Stadt dieser Größe.
Aber natürlich ist der Königspalast weitaus mehr als ein Eislaufplatz – es ist eine Mehrzweckhalle, in der große Events, Konzerte und Shows stattfinden. Manchmal passiert ganz Großes. Mario Barth oder ZZ Top kommen nach Krefeld. Ob sich das rechnet? Ach, eigentlich egal, oder? Krefeld hat ein weiteres Wahrzeichen, ein tolles Eigenstellungsmerkmal, einen Anziehungspunkt. Und wenn erst mal die Pinguine in der Halle spielen! Irgendwann werden sie wieder Deutscher Meister. Und dann bin ich im Königspalast und feiere. Sie auch? Bestimmt, denn auf unsere Pinguine sind wir stolz!

EIS GEFÄLLIG?

STACHELIGE MAUTSTELLEN

ES GRÜNT SO GRÜN

Krefeld

GRÜNER WIRD'S NICHT

DARAUF KANNST DU GIFT NEHMEN

Ich finde ja, Gift ist die Waffe der Frau schlechthin – sie macht keinen Dreck und weckt die Kinder nicht auf. Falls Sie sich mal über verschiedene Giftpflanzen informieren wollen, können Sie das im botanischen Garten tun. Waren Sie schon einmal im botanischen Garten am Rande des Schönwasserparks? Bis 1928 war es nur ein kleiner Schulgarten, der aber dann ausgebaut wurde. Heute wachsen auf den 3,6 Hektar etwa 5000 Pflanzen. Ein typischer niederrheinischer Bauerngarten mit den traditionellen Buchsbaumhecken gehört ebenso dazu wie der Rosengarten. Und Gift? Natürlich gibt es Heil- und Kräuter- und eben auch Giftpflanzen. Außerdem lohnt es sich, einen Blick in das Schaugewächshaus zu werfen, wo etliche Kakteen gedeihen.

Aber das ist noch nicht alles – immer wieder gibt es schöne Veranstaltungen im botanischen Garten – wie zum Beispiel Art of Eden. Jedes Jahr am ersten

Kräutertee oder Gifttrank, manchmal macht's die Dosis.

Wochenende im Mai stellen Künstler ihre Objekte aus. Nicht die üblichen Massenartikel, die in jedem Baumarkt zu finden sind, schmücken den botanischen Garten, sondern individuelle Kunstwerke, die im Einklang oder im Kontrast zur Natur stehen.

ES GRÜNT SO GRÜN

Ich liebe den Stadtwald. Sie auch? Sobald es einigermaßen warm ist, strömen wir Krefelder dorthin. Ach, das stimmt gar nicht. Bei Wind und Wetter wird gejoggt, gewalkt, die Hunde dürfen auf der Freilaufwiese tollen und für Kinder gibt es bekanntlich kaum schlechtes Wetter, nur schlechte Kleidung – der riesige Spielplatz lockt sogar im Herbst und Winter zum Austoben.
Wir verdanken den Stadtwald einem Seidenbaron, nämlich Wilhelm Deuß. Ein spendabler Mann, er schenkte der Stadt 1897 nicht nur die damals ca. 35 ha große Fläche, sondern spendete auch 20 000 Mark zur Aufforstung und zum Ausbau des Erholungsgebiets. Dies geschah im Stil eines englischen Land-

Bach- ... nein, Lachblüten

In den 90er-Jahren hatte Frau Loy, die Leiterin des Botanischen Gartens, Bedarf an Lachblüten. Seit 2001 bringen ca. 20 Kabarettisten und Comedians alle zwei Jahre im Frühsommer die Krefelder zu Lachen. Und das unter dem Sternenhimmel.

schaftsparks und ab 1901 konnten die Krefelder im Grünen lustwandeln. 1907 wurde der gute Deuß 70 und spendete noch mal 50 000 Mark – das wäre heute umgerechnet 350 000 Euro – eine ordentliche Summe. Von dem Geld konnten weitere Flächen erworben werden und heute umfasst der Stadtwald knapp 120 ha. Wussten Sie, dass zeitgleich mit dem Stadtwaldhaus am Eingang des Waldes das frühere Parkwächterhaus errichtet wurde? Das kleine Fachwerkhäuschen wurde lange an Krefelder Künstler vermietet und gehört nun einem solchen. Wenn Sie mal wieder im Stadtwald spazieren gehen, zählen Sie doch mal – es gibt 61 verschiedene Baumarten, 478 Farn- und Blütenpflanzen. Oder mieten Sie sich ein Tretboot auf dem Weiher. Der Tempel am See ist übrigens dem großzügigen Spender Wilhelm Deuß gewidmet. Ich sende ihm immer einen kleinen Dank für dieses schöne Geschenk, wenn ich an dem hübschen Hingucker vorbeiflaniere.

Der Deus Tempel im Stadtwald – heute ein beliebter Treffpunkt für Jugendliche.

STACHELIGE MAUTSTELLEN

Sie wird wohl kommen, die Maut auf deutschen Straßen. Oder? Früher gab es sie schon – an den Schlagbäumen und Mayen musste man Wegegelder zahlen. Im 18. Jahrhundert passierte man am Niederrhein auf ca. 50 Kilometer etwa vier Zollschranken. Reisen war somit ein ziemlich teures Vergnügen. Nicht daran gehalten haben sich die Soldaten. Gleich zweimal in der Geschichte fand eine große Schlacht in der Nähe von Krefeld statt. Im Dreißigjährigen Krieg war es die Winterschlacht im Januar 1642. Damals siegten Franzosen zusammen mit den Hessen mit 9000 Mann unter der Führung des Generals Jaen Baptiste de

Das Mahnmal an der Hückesmay erinnert an die gefallenen Soldaten der beiden Schlachten.

Guébriant gegen ein etwa gleich starkes Heer der Kaiserlichen Truppen. Diese glaubten, sie seien im Schutz der Landwehr unangreifbar. Die Gräben und Wälle, die dicht mit Hecken und Bäumen bepflanzt waren, wägten die Soldaten in Sicherheit.
Es handelte sich um eine gepflegte Anlage. Baumschließer hatten die Landwehren in Schuss zu halten – die Triebe der Sträucher wurden umgebogen und eingegraben, sodass der Weißdorn und anderes Buschwerk dicht und dichter wuchs und kein Durchkommen war.
Nun hatten die kaiserlichen Truppen aber nicht aufgepasst.
Zwar konnte der Feind sie nicht von vorne angreifen, da war ja die stachelige Landwehr, aber sie konnten auch nicht fliehen, als ihnen die Franzosen in den Rücken fielen. Es kam, wie es kommen musste, sie verloren die Winterschlacht.
Über hundert Jahre später, während des Siebenjährigen Krieges, kam es genau an derselben Stelle – nämlich an der Hückelsmay in Forstwald – zu einer weiteren Schlacht. Diesmal standen sich 43 000 Franzosen 30 000 Preußen gegenüber.
Der französische Graf von Clermont hatte seine Hausaufgaben ganz klar nicht gemacht, denn sonst hätte er wissen müssen, dass er in einer Falle saß, als er sich auf der Heide hinter der Landwehr aufstellte. Prinz Ferdinand von Braunschweig führte seine Truppen in einem großen Bogen und schlug die zahlenmäßig weit überlegenen Franzosen vernichtend.
Heute liegt da, wo damals knapp 5000 Männer starben, der Landgasthof Hückelsmay. In dem kann man gut und friedlich speisen und beim Spaziergang Reste der Landwehr besichtigen.

Der Hofladen ist neben dem Gutshaus des Heilmannshofes.

Ich glaube, ich steh im Wald

Nicht ganz ein Wald, aber ein Arboretum ist der Landschaftspark Heilmannshof. Natürlich haben ihn Seidenweber angelegt, aber das ist eine lange Geschichte. Heute sind dort ein Demeter Hofladen und der Park. Es ist der größte private Landschaftspark der Region und bietet reichlichen 400 Holz- und Straucharten ein Zuhause.
„Wenn die Hoftüre offen ist, kann jeder reinkommen", sagt Thomas Aigner. Falls die Hoftür zu ist, gibt es ja immer noch den Tag der Offenen Gartenpforte – da kann man den Park auf jeden Fall besichtigen.

EIS GEFÄLLIG?

Was hat der Sollbrüggenpark mit Eis zu tun? Nicht viel, muss ich gestehen – es ist ein alter Park, der im englischen Landschaftsgartenstil angelegt wurde. Unter anderem hat der Park einen Pleasureground. Was zum Henker ist ein Pleasureground? Schweinkram? Ich fand die Erklärung in einem Buch von Fürst Pückler (und somit schließt sich der Kreis zum Eis!). Der deutsche Landschaftskünstler Hermann Fürst von Pückler-Muskau schrieb 1834 in: „Andeutungen über

Blick in den Sollbrüggenpark.

Landschaftsgärtnerei": „Das Wort Pleasureground ist schwer genügend im Deutschen wieder zu geben, und ich halte es daher für besser den englischen Ausdruck beizubehalten. Dieser bedeutet ein an das Haus stoßendes, geschmücktes und eingezäuntes Terrain, von weit größerem Umfang als Gärten zu haben pflegen, gewissermaßen ein Mittelding, ein Verbindungsglied zwischen dem Park und den eigentlichen Gärten." Man wohnte quasi im Garten weiter. Oder so. Damals waren die Gärten ja viel größer als heute, heute heißt das vermutlich „Terrasse".

Das Rittergut Sollbrüggen wurde schon im 12 Jahrhundert erwähnt, der Park erst im 19. Jahrhundert angelegt. Ursprünglich war das Gut mit Wassergräben umgeben, brannte aber 1781 komplett aus und wurde anschließend wieder aufgebaut.

Der älteste noch erhaltene Teil des Gebäudes ist das Torhaus aus dem 18. Jahrhundert. Nord- und Südflügel stammen aus dem 19. Jahrhundert. Natürlich kam es irgendwann in die Hände eines Seidenfabrikanten – diesmal war es Peter de Greiff. Für ihn baute Adolph von Vagedes im Stil des Klassizismus das Haus als Landsitz um.

Heute gehört das Torhaus der Stadt und beheimatet die Musikschule. Außerdem gibt es das Bistrocafé in der Musikschule. Vielleicht wird dort sogar Fürst Pückler Eis angeboten. Das Café ist an normalen Musikschultagen von 14:30 bis 18:30 geöffnet. Den Pleasureground können Sie sich jederzeit ansehen – das ist mehr als eine Terrasse, versprochen.

EINE FRAU – EINE BURG

TWITTERN, MAILEN, FLICKR, POSTEN

Krefeld

VORNEWEG

DAS STILLE ÖRTCHEN

DAMIT SIND SIE BADEN GEGANGEN

Darf ich Sie nach Ihrem Bad fragen? Ist es groß oder klein? Ein Wellnesstempel oder eher ein zweckmäßiger Raum? Mit Tageslicht oder ohne? Egal wie, Sie werden ein Badezimmer mit fließendem Wasser besitzen. Das war nicht immer und überall üblich. Im ausgehenden 19. Jahrhundert gehörte die komfortable Nasszelle nicht zur Standardeinrichtung einer normalen Krefelder Wohnung. Man wusch sich in der Waschschüssel oder besuchte eines der öffentlichen Bäder am Rhein – Letzteres allerdings nur im Sommer. Und das wurde für unsere Stadt zu einem Fallstrick. Krefeld hatte sich nämlich um den Sitz des Landgerichts beworben, aber die Preußen hatten Gesetze und Ansprüche. Eine Stadt, die noch nicht einmal eine öffentliche Badeanstalt hatte und somit den Bürgern die Möglichkeit verweigerte, sich wenigstens einmal in der Woche richtig waschen zu können, solch

eine Stadt konnte unmöglich das Landgericht aufnehmen. Was hätte das wohl für einen Eindruck gemacht? Iiibah!
Also rümpften die Krefelder die Nase, zogen entschlossen die Schultern hoch und planten eine Badeanstalt. Prächtig sollte sie werden und prächtig wurde das Stadtbad an der Neusser Straße. Ein Schwimmbad für die Damen, eines für die Herren, Dusch-, Wannen- und sogar Salonbäder. Umkleidekabinen mit Kristallspiegeln. Fliesen, die fugenlos verlegt wurden. 1890 eröffnete die luxuriöseste Badeanstalt im ganzen Reich. 1897 kam eine Brauseabteilung hinzu. Seife und Handtücher waren im Preis enthalten und diese wurden ausgiebig genutzt.
1925 kam das Freibad mit Springbrunnen und Wasserspielen hinzu. Die Krefelder müssen sehr saubere Leute gewesen sein.
Mal ehrlich, ich würde heutzutage mal sehr gerne baden gehen. Aber Sie und ich haben ein Badezimmer. Und die Generation vor uns hatte auch schon eins. Meistens. Wenn wundert's also, dass die Bäder- und Brauseabteilung nach und nach brachlag. Beim Erdbeben 1992 wurde das Damenbecken schwer beschädigt. Seit 2000 ist das gesamte Stadtbad stillgelegt. Ein Jammer. Es steht unter Denkmalschutz und ist leider, leider in den Dornröschenschlaf gefallen. Ab und an gibt es Pläne und Investoren, die etwas daraus machen wollen, aber bisher ist das nicht passiert. Der Abriss dieses Juwels wäre ein Albtraum! Also lassen Sie uns hoffen, dass es eine Lösung gibt und wir alle irgendwann mal wieder in diesem tollen Bad schwimmen können.

Einmalig

Man kann alle Pilze essen, manche allerdings nur einmal. Damit einem das nicht passiert, gibt es Pilzseminare bei GAMU – der Gesellschaft für angewandte Mykologie und Umweltstudien auf der Hüttenallee.
1993 wurde das Institut für Pilzforschung in Krefeld gegründet und war einzigartig in dem Gebiet auf der angewandten Mykologie. Sie möchten Pilze in der Wohnung oder noch besser im Garten zu züchten? Essbare Pilze natürlich. Kein Problem, besuchen Sie ein Seminar. Die Substrate und Boxen können Sie bei GAMU erwerben. Und nebenan ist der Großhüttenhof, wo man wunderbar frisches Obst und Gemüse, sowie Eier und Geflügel aus eigener Zucht kaufen kann.

WER HAT DIR DENN DEN FLOH INS OHR GESETZT?

Das Floh'sche Haus ist eins der ersten Patrizierhäuser, die nach der fünften Stadterweiterung gebaut wurden. Die Westfassade hat den Bombensturm 1943 überstanden, das imposante Haus wurde nach dem Krieg wieder ganz aufgebaut. Natürlich – es ist eins der Häuser der Seidenbarone. Johann von der Leyen ließ es 1766 bauen. Seine Enkelin heiratete Cornelius Floh und so kam das Haus an seinen Namen.

Zar Alexander I. war einst Gast im Floh'schen Haus am Friederichsplatz, heute ist dort der Sitz einer großen Versicherung.

Mir hat jemand einen Floh ins Ohr gesetzt und ich bin mir nicht ganz sicher, ob diese Geschichte wirklich stimmt – aber nett ist sie. Und zwar soll Johann von der Leyen begeisterter Segler gewesen sein. Allerdings ließ sich dieses Hobby in Krefeld nur schwer ausüben, den Elfrather See gab es ja noch nicht. Also hat er sich, bevor das Dach des Hauses gedeckt wurde, mit einem großen Holzkran ein Boot in das Dachgeschoss heben lassen. Lange bevor es virtuelle Welten gab, stand Johannes im Trockenen am Steuerruder und spielte Kapitän. Das kann ich mir so richtig gut vorstellen.

TWITTERN, MAILEN, FLICKR, POSTEN

Die gute, alte Stadtbücherei. Jede Stadt hat eine. Meistens. Wobei ja inzwischen viele Bibliotheken geschlossen werden. Die in Uerdingen zum Beispiel. Jetzt kann ich fast etliche Krefelder aufheulen hören. Ja, das war schlimm. Aber wir

Da steckt Kultur drin!

können dennoch stolz sein – nämlich auf unsere Mediothek. Fünf verschiedene Büchereien gab es an vier Orten in Krefeld. Immer wieder zog die Bücherei um, nach dem Krieg gewährte ihr 17 Jahre lang das Kaiser-Wilhelm-Museum Asyl. Dann zog die Stadtbücherei zum Theaterplatz. Doch dort wurde es mit der Zeit zu eng. Der Wunsch, nicht nur eine Ausleihstelle für Bücher, sondern einen Ort mit Aufenthaltsqualität zu haben, wurde größer. Erinnern Sie sich an die Eröffnung der Mediothek, wie sie seitdem heißt, in 2008? Großartig war das. High-Tech gepaart mit warmen Farben, Raum und Barrierefreiheit zusammen mit unzähligen Medien – das ist die Mediothek. Schon lange ist es keine reine Ausleihstelle für Bücher mehr. Wissen Sie, welche E-Book-Reader es gibt und wie man sie bedient? Tablets? Spielekonsolen? Gehen Sie doch mal in die Mediothek und probieren Sie diese Dinge aus. Spiele, E-Books, CDs, Hörbücher – alle Arten von Medien kann man ausleihen und testen. Nebenan, im Café Coelen, können Sie in aller Ruhe eine Pause machen, einen Latte Macchiato, ein Wasser oder ein Bier trinken, in den ausgeliehenen Büchern stöbern oder Ihre Eindrücke sacken lassen. Und folgen Sie unbedingt der Mediothek auf Twitter und Facebook – Sie werden es nicht bereuen, versprochen.

EINE FRAU – EINE BURG

Marianne Rhodius war einst die reichste Frau der Stadt. Ihre Mutter, ihre Schwester und ihr Vater starben, Marianne erbte alles. „Der gehört ganz Linn", hieß es damals. Es waren um die 2 553 205 m². Das ist schon wirklich ordentlich.

Geboren 1812, wuchs sie im Jagdschlösschen der Burg Linn auf. Sie war das erste Kind von Johann Philipp de Greiff und seiner Frau Marianne. Und de Greiff war eben ziemlich wohlhabend.
Marianne heiratete den Weinhändler Christoph Eduard Rhodius. Die Ehe blieb kinderlos – das mochte daran gelegen haben, dass die beiden sich ziemlich bald wieder trennten, wobei sie sich nie scheiden ließen. Er verbrachte seine Zeit lieber in Salzburg, sie zog zu ihrem Vater zurück nach Linn. Und dort blieb sie, gelegentlich besuchte sie ihr Gatte, aber aus gesundheitlichen Gründen hielt er es nie lange in Krefeld aus.
Eine Frechheit, wie ich finde, denn schließlich haben wir am Niederrhein doch ein recht angenehmes Klima. Vielleicht ist es ein wenig feucht, da muss man drüberstehen.

Im Jagdschlösschen der Burg Linn befindet sich heute ein Museum.

Marianne lebte bescheiden, aber sie gönnte sich den Luxus, ein eigenes Badezimmer zu haben – verstehe ich durchaus.
Ansonsten spendete sie viel Geld, so wie ihr Onkel Cornelius de Greiff es schon getan hatte. Sie gründeten die Crefelder Heilanstalten (heute das Helios). Marianne spendete aus ihrem Vermögen 4 500 000 Goldmark (das entspricht heute zwischen 41 Mio. und 80 Mio. Euro) für die Wohlfahrt. Obwohl sie Mennonitin war, setzte sie sich gegen große Widerstände für den Bau der Synagoge in Linn ein, wofür schon ihr Vater kurz vor seinem Tod ein Legat von 8000 Talern ausgesetzt hatte. Dem Kaiser-Wilhelm-Museum trug sie 100 000 Mark zur Finanzierung bei und galt als Protektoratin der Dichterin Elise Polko. Sie hinterließ viel Geld und befand, dass es in eine wohltätige Stiftung fließen

sollte, da sie keine Nachkommen hatte. Bescheiden, wie sie war, gab sie der Stiftung den Namen ihres Onkels – Cornelius de Greiff.
Heute findet man im Jagdschlösschen noch ein Zimmer, das mit ihren Möbeln ausgestattet ist. Das Bad ist leider nicht erhalten geblieben – aber darin baden möchte ich heute sowieso nicht mehr und Sie sicher auch nicht.

WER WIRD DENN GLEICH IN DIE LUFT GEHEN?

Wussten Sie es? Krefeld hatte einst einen richtigen Linienflughafen. Mit regelmäßigen Verbindungen. Das glauben Sie nicht? Doch, doch, es stimmt.
Schon seit 1912 versuchte der eine oder andere Pilot in Krefeld zu starten und zu landen – und zwar auf der Stadtwaldwiese, auf dem Egelsberg und am Rande von Bockum – dort wo heute die Siedlung Gartenstadt steht.
Genau da wurde zwischen 1915 bis 1918 ein richtiger Flugplatz erbaut. Nach dem Ersten Weltkrieg besetzten ihn allerdings die belgischen Truppen. Erst 1926 wurde der Flugplatz in Bockum wiedereröffnet und ab da gab es ca. 300 planmäßige Flüge der Lufthansa von Krefeld aus. Ich kann mir das heute kaum noch vorstellen. Aber damals waren die Maschinen sehr viel kleiner und flogen nicht so hoch, denn ein Flug von Baden-Baden nach Krefeld hatte fünf (!) Zwischenstopps – das war also eher etwas wie Achterbahn fahren als fliegen. 1945 wurden die Reste des Flughafens gesprengt und ab 1950 wurde die Siedlung Gartenstadt gebaut.

Der Segelflugplatz auf dem Egelsberg.

Papp ala Papp

Im Jules Papp in der Königstraße fing es 2008 ganz klein an. Inzwischen hat sich herumgesprochen, dass in Krefeld geslamt wird. Der Poetry Slam Wettbewerb findet immer am letzten Sonntag des Monats statt und gewählt wird vom Publikum basisdemokratisch mit Stimmkarten. Da die Veranstaltung inzwischen sehr gefragt ist, sollte man sich rechtzeitig um Eintrittskarten kümmern, sonst ist es nämlich ausverkauft und man muss draußen bleiben.

DAS STILLE ÖRTCHEN

An der „Hohe Straße“, auf der man im frühen Mittelalter quasi trockenen Fußes von Köln über Moers bis nach Geldern kam, lag das „Haus Rath“, von dem Sie vielleicht schon gehört haben. Früher war es eine Motte, ein Wehrturm, dann wurde angebaut und angebaut, und heute ist es eine moderne Wohnanlage, die man nicht besichtigen kann. Das ist wirklich schade, denn hier steht ein Stück sehr alter Geschichte. Und dieses ganz alte Haus hatte für damalige Verhältnisse ziemlich fortschrittliche Errungenschaften – aber dazu komme ich noch. Erst mal zur Geschichte des Hauses. Da war also dieser Wehrturm an dieser Fernverkehrsstraße mit ihren Karren und Reitern. Nicht vergleichbar mit einer heutigen Autobahn. Trotzdem erachteten die Ritter des Hauses Rath es für gut, einen Turm zu errichten – an einer alten Furt durch einen Bach, der auch den Wassergraben speiste. All das ist längst in trockenen Tüchern und Geschichte – die Furt und den Bach gibt es nicht mehr.

Der Wohnturm hatte keine Haustür. Nur mit einer Leiter kam man hinein. Im Dachgeschoss gab es Zinnen zur Verteidigung. Auch Haus Traar wurde zu der Zeit errichtet und die Familien Rode und Aare haben sich familiär verbunden – ein armes Burgfräulein musste den Herren heiraten – vermutlich. Das war aber friedlicher, als sich zu bekämpfen. Sogar Barbarossa soll Verbindungen zu den Edlen von Rath gehabt haben – richtig belegt ist das aber nicht.

Haus Rath ist heute eine gediegene private Wohnanlage.

Haus Rath blieb in seiner mehr als 800 Jahre andauernden Geschichte zum Glück von der Zerstörung durch Kriege weitestgehend verschont. Einem ernsthaften Angriff hätte die Anlage auch kaum standhalten können. Obwohl eine Burg zu erkennen ist, fehlten doch ausreichende Verteidigungsanlagen. Außer den Wohntürmen und dem Burggraben, welcher vermutlich später noch nicht einmal mehr wirklich Wasser geführt hatte, gab es um die Burg herum in wenigen Metern Abstand zum Burggraben lediglich eine Art Landwehr in Form eines kleinen Erdwalles mit einer niedrigen Mauer.

Erwähnt wird die Wohnburg als „Burg Rath mit Wäldern, Sümpfen und Zehnten sowie Zubehör". Zubehör finde ich nett zu lesen. Was mag das gewesen sein? Eins davon war jedenfalls ein Abtritt mit Wasserspülung – ein WC. Das Klo damals bestand üblicherweise aus einem Vorsprung im Mauerwerk mit einer Öffnung nach unten. Oder einem Sitz mit einem schrägen Schacht durch die Mauer ... im Winter konnte man sich da den A*** einfrieren – ich glaube, daher kommt auch dieser Ausdruck. Gemütlich und zum Zeitunglesen war es damals jedenfalls nicht, aber es gab ja auch noch keine Zeitungen.

Zurück zu Haus Rath. Dort führte eine Regenrinne in den Abtritt. Und bei jedem Regen – davon haben wir ja am Niederrhein reichlich – wurden die ... Hinterlassenschaften weggespült. Das war ziemlich modern, finden Sie nicht? Ich lobe mir allerdings mein Klo. Mit Spülung. Und Heizung. Und Zeitung. Und ohne Fallschacht nach draußen. Vielleicht denken Sie demnächst mal an die Rittersleut auf Haus Rath, wenn Sie auf Ihrem stillen Örtchen sitzen.

DER BLAUE REITER

TANZE TANGO MIT MIR

Krefeld

GERÜHMT

DA HAT ER ABER SEIN FETT WEG

ALLES KÄSE ODER WAS?

Wer kennt sie nicht, die Philadelphiastraße. Sie fällt durch den rustikalen Charme des Kopfsteinpflasters auf. Gerade in den Jahren des Ostwallumbaus war sie eine wichtige, wenn auch verstopfte Verkehrsader in der Stadt. Sie erinnern sich? Klar, dass die Philadelphiastraße nichts mit dem Frischkäse zu tun hat – so wie ich früher dachte und mich wunderte –, sondern auf die besondere Verbindung zu Philadelphia, Pennsylvania, verweist.
Was hat denn Krefeld mit der Stadt in den USA zu tun? Nun ja, immerhin so viel, dass 1983 Vizepräsident George W. Bush nach Krefeld kam und zwar 300 Jahre nachdem die erste große deutsche Auswanderergruppe, die „Original 13", von Krefeld aus startete. Am 6. Oktober 1683 gingen sie in Philadelphia an Land, froh, die Concord (ein Schiff, nicht das Überschallflugzeug) verlassen zu können. Flugs gründeten sie die Stadt „Germantown" – heute ein Stadtteil von Philadelphia.

Diese mutigen Mennoniten und Quäker wanderten aus, obwohl es weder Internet noch Fernsehen gab, keine Sendung wie „Die Auswanderer" und schon gar nicht so etwas wie „Die Rückkehrer". Ihnen war klar, dass es eine Reise ohne Wiederkehr werden würde. Eine Reise in das absolut Unbekannte, auf einen Kontinent, von dem sie nur ein paar Dinge gehört hatten. Allerdings auch eine Reise in ein Land – Pennsylvania – wo ihnen Sir William Penn absolute Glaubensfreiheit garantierte. Und dahin machten sich die dreizehn Familien auf, mit Sack und Pack, Kindern und Eltern, Dienstmägden und Knechten. Die A 57 mit ihren ewigen Staus gab's nicht, aber auch sonst keine ordentliche Straße bis nach Rotterdam – und da mussten sie hin (es gab noch nicht einmal eine gut ausgebaute Straße bis nach Venlo – schwer vorzustellen).

Denkmal von Franz Daniel Pastorius und den Einwanderern in Pennsylvania.

Von Rotterdam ging es nach England – per Schiff, nicht per Fähre mit Unterhaltungsprogramm und auch nicht durch den Tunnel. In Gravesend suchten sie sich ein Schiff und das dauerte. Aber schließlich konnten alle 50 Krefelder auf die Concord. Sechs lange Wochen waren sie auf See und ganz sicher war man sich nicht, ob nicht doch irgendwo die Welt endete und man runterfiel.

Die Philadelphiastraße soll übrigens seit Jahren schon neu gestaltet werden, denn zum Teil macht sie den Eindruck, als sei sie von 1683. Wobei es damals gar keine Straße, sondern nur die Wallgärten gab. Wenn dort endlich ein neuer Straßenbelag und vielleicht ein paar Bäume, so wie geplant, hinkommen, könnte die Straße eventuell sogar ein Schmuckstück werden.

DER BLAUE REITER

1889 wird Heinrich Campendonk in Krefeld geboren. Er war einer der bedeutendsten Künstler unserer Stadt und schloss sich 1911 der Künstlergruppe „Blauer Reiter“ an. In den 1920er-Jahren kehrte er nach Krefeld zurück. Sein Lehrer Thor Prikker unterstützte ihn nicht nur, sondern beeinflusste sein Werk. Aber das können Sie alles woanders nachlesen oder vielleicht wissen Sie es auch schon.

Was ich faszinierend finde, ist die Feindschaft zwischen Karl Buschhüter und Heinrich Campendonk. Beide hatten jedoch den gleichen Mäzen – den Kölner Industriellen Multhaupt. Dieser beauftragte Buschhüter mit dem Bau eines Hauses für Campendonk. Zähneknirschend beugte sich Buschhüter – er war nicht mehr jung und brauchte Geld. Nach der Fertigstellung des Hauses am Kliedbruch verfasste der Architekt jedoch ein Schmähgedicht auf den Maler und verteilte es. Das blieb nicht ohne Folgen – er wurde verhaftet und zu einer Geldstrafe verurteilt.

Die Nazis haben Campendonk gefeuert – er hatte bis 1934 eine Professur in Düsseldorf. Der Künstler und seine Familie zogen nach Amsterdam, dort starb Campendonk 1957. Sein Haus in Krefeld wurde durch den Krieg in Mitleidenschaft gezogen. Buschhüter half, es nach dem Krieg wieder aufzubauen – auch nur zähneknirschend, aber immerhin. Zwei Wandgemälde des Künstlers finden Sie heute noch in der Villa Merländer.

Luzifers Erbe

So hieß die Krefelder Metal Band 1984 – bis sie nach einem Besetzungswechsel 1987 den Namen Blind Guardian annahmen. Über 2,5 Million Tonträger hat die weltweit bekannte Band bis dato verkauft. 2015 erfolgte die Veröffentlichung des 10. Studioalbums. Wir werden sicherlich noch mehr von ihnen hören.

Das Stadthaus am Konrad-Adenauer-Platz hat der Architekt Egon Eiermann entworfen.

Klingelingeling – hier kommt der Eiermann

Das Antlitz von Egon Eiermann ziert eine Briefmarke von 2004. Ob das 1950 erbaute, ab 1978 von der Krefelder Stadtverwaltung genutzte, und seit 2011 vom Abriss bedrohte Stadthaus den Konrad-Adenauer-Platz ziert, lasse ich mal dahingestellt. Auf jeden Fall hat das von Architekt Egon Eiermann geschaffene Gebäude eine bewegte Geschichte.

OLYMPIA IN KREFELD

Nicht ganz – was sollten wir auch mit Olympia anfangen? Na ja, immerhin wurde das Architekturbüro, das zwischen 1967 und 1972 das Olympiagelände in München gestaltete, 1999 mit einem Neubau in Krefeld beauftragt. Und jetzt wissen Sie, was ich meine – das Behnisch Haus in der Innenstadt. Manche nennen das große, vielfach gegliederte Gebäude auch Kreuzfahrtschiff – denn so sieht es von der Seite aus. Ein wenig scheint das schmale, aber hohe Gebäude wie ein Schiff aus dem Asphalt zu ragen. Nicht zu verwechseln mit dem Mississippi Dampfer – das ist ein ganz anderes, herausragendes Ungetüm der städtischen Architektur.

Früher war dort, wo der Behnisch-Bau steht, ein unbefestigter Parkplatz, heute befindet sich unter dem Gebäude eine Tiefgarage. Nach meinem Eindruck hat es eine Weile gedauert, bis wir Krefelder das Gebäude wirklich angenommen haben, doch inzwischen ist es aus dem Stadtbild nicht mehr wegzudenken. Bars, Restaurants, der Stadtmarkt, eine Galerie – all das findet man dort. Und die Gestaltung des Baus ist ganz im Stil von Mies van der Rohe – also fast Krefelder Kultur. Abreißen könnte man es eh nicht mehr, aber wer wollte das schon?

Der Behnischbau mit seinen spiegelnden Glasfassaden.

TANZE TANGO MIT MIR

Tanze Tango mit mir ... daran hat Heinrich Band sicher nicht gedacht, als er das Bandoneon erfand. 1848 gab es diese Musikrichtung nämlich noch gar nicht. Mit 21 Jahren übernahm Heinrich das Musikaliengeschäft seines Vaters im Wohnhaus der Familie am Dionysiusplatz. Band war leidenschaftlicher Musikus, sein Onkel ein bekannter Geiger. Das Akkordeon erfreute sich am Anfang des 19. Jahrhunderts großer Beliebtheit. Heinrich Band verkaufte in seinem Laden in Krefeld Akkordeons aus Sachsen. Aber ihm gefiel der Klang des Instrumentes nicht, also begann er zu tüfteln. Die ersten Akkordeons hatten nur 54 Töne, Band baute sie mit 64 und später mit 88 und schließlich kam er auf 130 Töne. Also fast ein ganzes Orchester oder wenigstens ein Klavier. Doch ein Bandoneon braucht viel weniger Platz. Es lässt sich in einem Koffer verstauen und mitnehmen.

Eine Krefelder Erfindung – das Bandoneon.

Deshalb wurden diese Instrumente bei Matrosen sehr beliebt – daher kommt wohl auch der Name Schifferklavier.
Und der Tango? Eine Legende, die allerdings nicht belegt ist, sagt, dass ein Matrose in der Mitte des 19. Jahrhunderts in einem argentinischen Bordell seinen Liebeslohn nicht zahlen konnte und stattdessen sein Bandoneon dort ließ. Ob Heinrich Band geahnt hat, dass ein paar Tasten an einer Quetschkommode die Musik einer völlig neuen Kultur tragen würden? Dass sein Bandoneon den wilden, leidenschaftlichen, zärtlichen und melancholischen Tango begleitet, hätte ihn sicherlich erfreut. Er erlebte den Siegeszug der Musikrichtung und seines Instrumentes jedoch nicht, da er schon 1860 starb.

Quasi schwerelos

Die Fans wissen, dass es jetzt um die Schlägerkönigin Andrea Berg geht. Krefeld braucht keine Helene Fischer, Krefeld hat Andrea Berg. Auch wenn sie schon lange nicht mehr am Niederrhein wohnt, ist sie immer noch sehr mit ihrer Heimatstadt verbunden. Sie ist die Schirmherrin des Hospizes am Blumenplatz, eine Einrichtung, für die sich die berühmte Sängerin seit seiner Gründung 2004 stetig engagiert. Deshalb hat ihr die Stadt Krefeld 2009 das Stadtsiegel verliehen. Schon 2008 bekam sie das Verdienstkreuz am Bande der Bundesrepublik Deutschland für ihre langjährige Hospizarbeit.

DA HAT ER ABER SEIN FETT WEG

Worum mag es gehen? Na klar – um Joseph Beuys. Er wurde am 12. Mai 1921 in Krefeld geboren und auf so einen berühmten Mann sind wir natürlich sehr stolz. Allerdings zog die Familie im Herbst 1921 nach Kleve und Beuys selbst hat meistens angegeben, dass er aus Kleve stammt. Aber einige Monate war er WIRKLICH Krefelder.

Jeder kennt die Geschichte um Beuys' Fettecke. Fett und Filz gehörten zu den Lieblingsmaterialien des Tausendsassas und Aktionskünstlers. Ausgerechnet, wie kam er auf diese Idee? Ein Kindheitstrauma?

Beuys ging 1941 freiwillig zur Luftwaffe und wurde zum Bordfunker ausgebildet (übrigens vom Dokumentarfilmer Heinz Sielmann). In der Schlacht um die Krim 1944 zerschellte die Stuka, auf der Beuys Bordschütze und Funker war. Später erzählte der Künstler, dass ihn Tataren, die dort als Nomaden lebten, fanden und acht Tage lang pflegten. Sie versorgten seine Wunden mit einem Hausmittel, tierischem Fett, und hielten ihn mit Filzmatten warm. Eine hübsche Geschichte, aber ist sie auch wahr? Nun, Beuys wurde nach dem Absturz, der hat stattgefunden, von einem deutschen Suchkommando in den Trümmern des Flugzeuges gefunden und ins Lazarett gebracht.

Nun wollen wir das dem großen Künstler nicht übel nehmen, jeder braucht so seine Legende.

Bleibt eine deutliche Affinität zu Fett und Filz und der Erfolg gibt ihm Recht.

Joseph Beuys – typisch mit Filzhut.

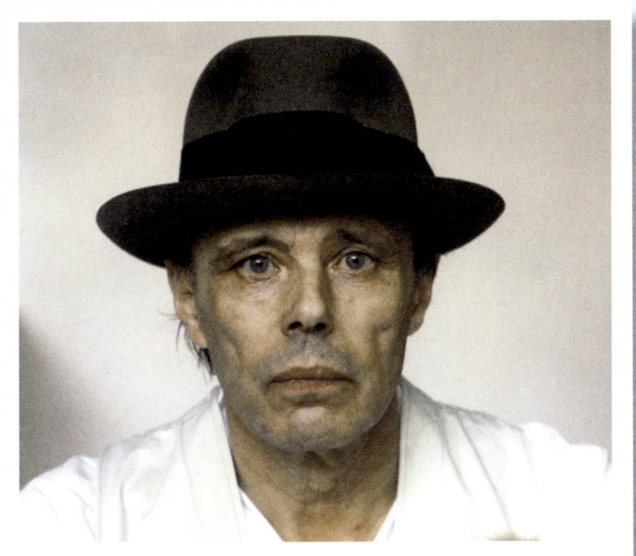

Die Fettecke, die ein Hausmeister nach des Künstlers Tod aus seinem Atelier entfernte und wegwarf, erlangte Weltruhm. Ein weiteres Kunstwerk wurde nicht erkannt, sondern stattdessen gesäubert – eine Babybadewanne, die Beuys mit Heftpflaster, Fett, Kupferdraht und Mullbinden gestaltete. 1973 wartete diese Wanne in Leverkusen darauf, ausgestellt zu werden, während Mitglieder des örtlichen SPD Ortsvereins nach etwas suchten, worin sie ihre Gläser spülen konnten ... und so nahm das Verhängnis seinen Lauf. Das Kunstwerk wurde „gereinigt" und damit zerstört. Ob diese Aktion für Beuys, der ein politischer Mensch war, Grund war, später den Grünen beizutreten, ist allerdings nicht bekannt.

Seine Romane schreibt Bernhard Hennen sicherlich nicht mit dem Stift.

Der Herr der Elfen

Mit historischen Zinnfiguren spielt angeblich der Krefelder Bestsellerautor Bernhard Hennen die Schlachten seiner Elfen-Armeen und beschreibt sie in seinen Büchern. Seit 2004 erobert er mit Elfen-Romanen Bestsellerlisten und zählt seitdem zur Spitze deutscher Fantasy-Autoren, man nennt ihn auch „Herr der Elfen". Zurzeit liegen von Bernhard Hennen knapp dreißig historische und fantastische Romane sowie eine Reihe von Kurzgeschichten vor.

DAS IST DOCH EINE SCHWALBE!

Es geht nicht um Vögel und auch nicht um Fußball. Es geht um etwas aus Krefeld, das es in Russland gibt. Nämlich eine Schwalbe. Und zwar auf der Schiene. Nein, ich meine nicht die nostalgische Transsibirische Eisenbahn, ich meine die hochmodernen „Desiro RUS", einen Zug, der von Siemens in Krefeld gebaut wird. Aus Krefeld stammen auch die ICE, die leider fehleranfällig sind und ... ach, lassen wir das. Lassen Sie uns über tolle Dinge sprechen, nämlich über die Züge, die in Krefeld für Russland oder China gebaut werden.

Einer der Züge des Krefelder Siemens Werkes.

In Russland nennt man den Zug, der zuerst auf der Strecke Sankt Petersburg-Weliki Nowgorod fuhr, „Lastotschka" – die kleine Schwalbe. Ein schöner Name für den schnellen Zug. Und er funktioniert, er fuhr bei der Winterolympiade nach Sotschi. Und überhaupt sind die Russen sehr zufrieden mit den Produkten aus Krefeld.

Dabei ist das gar nicht so einfach, diese Züge dorthin zu schaffen. Sie lachen? Und denken: Die können doch nach Russland fahren, sie haben doch Räder. Stimmt. Aber die Spurbreite der russischen Eisenbahnen ist eine andere als bei uns. In Russland wird die 1520-mm-Breitspur verwendet. In Deutschland haben wir 1435 mm. Das macht doch nicht viel aus, sagen Sie jetzt, tut es aber. Eigens für die in Krefeld gefertigten russischen Waggons wurden Schienen bis zum Hafen gelegt, wo die Waggons in Schiffe verladen und nach Lettland gebracht werden. Im Baltikum kommen sie auf die Fähre und werden erst in Russland auf die Schienen gesetzt. Und es hat funktioniert. So gut, dass es weitere Aufträge gab. Da sagen wir doch: Nastrovje!

UNERWARTET MEDITERRANES FLAIR

Um 1900 wurde an der Friederichstraße der Großmarkt erbaut – eine Halle, die Händlern und Käufern viel Platz bot trockenen Fußes und Kopfes zu verkaufen und allerlei zu erwerben. Der Krieg machte auch vor diesem Gebäude nicht Halt und 1965 wurde es schließlich ganz abgerissen. Heute steht dort C&A. Aber einen Großmarkt gab es dann an der Oppumerstraße mit Lager- und Verkaufsräumen aus rotem Backstein. Wenn man an den unscheinbaren Gebäuden hinter dem Sprödentalplatz vorbeifährt, mag man kaum glauben, dass dort ein nicht mehr ganz so geheimer Geheimtipp logiert. Gerade an lauen Abenden zeigt sich das südländische Flair der Terrassen als magischer Anziehungspunkt für Niederrheiner. Sogar aus Düsseldorf kommen sie her, um auf unserem Großmarkt zu essen und zu trinken.

Der Grieche, der Italiener, das Tapas und die Kantine bieten

Die Flaniermeile des Großmarkts.

alles, was man sich wünscht. Und einkaufen kann man tagsüber auch noch – der Seemann hat besten, frischen Fisch, ein türkisches Lebensmittelgeschäft das passende Obst und Gemüse und wenn Sie asiatische Lebensmittel oder Snacks suchen, werden Sie ebenfalls fündig. Dreimal in der Woche zieht der Kaas Lagerverkauf Massen zum Großmarkt, die günstig Milch- und Käseprodukte in großen Taschen mit nach Hause nehmen.

Wenn ich an einem warmen Abend dort unter den bunten Lichtern sitze und genüsslich einen eiskalten Weißwein nippe, mag ich kaum glauben, mitten in Krefeld zu sein. Urlaubsfeeling!

Der Krefelder Cowboy Jochen Bludau.

Howgh, ich habe gesprochen!

Jeder Karl-May-Fan kennt diesen Spruch, oder? Und jeder echte Karl-May-Fan war schon mal in Elspe zu den Karl-May-Festspielen. Auch der gebürtige Krefelder Jochen Bludau. Er spielte nämlich 1958 den Winnetou, übernahm 1968 die Geschäftsführung der Naturbühne und wurde im gleichen Jahr zu Old Shatterhand. Von 1976 bis 1996 ritt er sogar an der Seite von Winnetou Pierre Brice. 1993 produzierte Bludau die Filmkomödie „Texas – Doc Snyder hält die Welt in Atem" mit Helge Schneider.

KÄFFCHEN? SCHNÄPPSCHEN?

DIE DUNKLE SEITE DER MACHT

ER BEBT, SIE ZITTERT …

Krefeld

BEWEGEND

WER STEHT HIER UNTER DEM PANTOFFEL?

Graf Bismarck steht nicht unter dem Pantoffel, im Gegenteil, er – nein, es ist eine sie – sie behauptet sich seit Jahrzehnten und ist ein wesentlicher Bestandteil unserer Stadt. Sie wissen, was ich meine – die Lok Graf Bismarck XV – unser Schluff.

Was freue ich mich, wenn ich an Sonn- oder Feiertagen zwischen Mai und September diesen typischen und unverwechselbaren Pfiff der Dampflokomotive höre. Und manchmal stelle ich mich am Nordbahnhof an, steige in den Zug und lasse mich zum Hülser Berg fahren. Das habe ich schon gemacht, als die Kinder klein waren, aber auch heute noch ist es für mich ein wunderbares Ereignis. Sind Sie schon mal mit dem Schluff gefahren? Haben in den alten Wagons gesessen und die Landschaft, die beschaulichen Hinterhöfe und die schmucken Gärten, an sich vorbeiziehen lassen? Die Felder und den Hülser Bruch – bis man schließlich am Hülser Berg angekommen ist? Es ist eine Zeitreise, diese Fahrt in der historischen Eisenbahn, die von St. Tönis bis zum Hülser Berg fährt. Sogar ein Film wurde über den Schluff gedreht. Und man kann ihn für private Fahrten mieten und an manchen Tagen ist er sogar Standesamt und man kann in der Museumsbahn getraut werden.

Der Schluff bei der Einfahrt in den Nordbahnhof.

Und was hat das jetzt mit Pantoffeln zu tun? Das zischende Geräusch der Lok soll dem einer schlurfenden Pantoffel – der Schluffe – ähneln. Und irgendwie stimmt das ja auch.

VON HIER NACH DA

Wenn man den Westwall entlang spaziert, kann man viele schöne Jugendstil- und Gründerzeithäuser bewundern. Die nördliche Seite, eine Allee mit den Grünflächen in der Mitte, lädt zum Spazierengehen ein. Auf der rechten Seite, Richtung Innenstadt, fällt ein schmales Gebäude auf. Direkt neben der Apotheke – Sie haben es sicher schon mal gesehen. Vor 1970 stand dieses Haus jedoch auf der St.-Anton-Straße. Es ist ein Buschhüter Haus, erbaut von dem kauzigen Architekten Carl Buschhüter, um den sich einige Geschichten ranken. Aber erst einmal zurück zum Haus. Es musste nämlich der Straßenerweiterung in den

70er-Jahren des letzten Jahrhunderts weichen und wurde drei Jahre später am Westwall wieder aufgebaut. Und da steht es jetzt. Spannend ist die Architektur – der Unterbau aus Steinen im Stil des 19. Jahrhunderts mit säulengeschmückter Loggia und darüber im Kontrast das Stahl-Glas-Fachwerk des Giebels. Der Krefelder Kunstverein hat dort seine Räume und auch die sind einen Besuch wert. Carl Buschhüter gilt als einer der ersten bio- und ökologischen Architekten, da war er seiner Zeit weit voraus. Am liebsten hätte er jedes Haus aus den Materialien des Bauplatzes errichtet – Ziegel, gebrannt aus dem Lehm der Baugrube, Holz von den Bäumen des Grundstücks. Er wollte, dass die Menschen autark wohnen, sich allein aus dem eigenen Garten versorgen, Hühner, eine Kuh, ein paar Gänse halten. Das würde am Westwall sicherlich heute nicht mehr gehen. Heute ist das Häuschen ein Denkmal.

Sie steht noch – die Zeltkirche in Verberg.

Halleluja

In den 1950er-Jahren wünschte sich die Gemeinde St. Hubert in Verberg eine eigene Kirche – das Grundstück war auch schnell am Hohen Dyk gefunden. Doch die Stadt hatte andere Pläne: Man wollte eine Umgehungsstraße bauen. Ganz bestimmt. Irgendwann mal. Etwa zehn Jahre später. Die Baugenehmigung für die Kirche wurde deshalb nur vorläufig erteilt und so entwarf man eine Stahlkonstruktion, die sich hätte wieder ab- und an anderer Stelle aufbauen lassen. Die Straße ist nicht gebaut worden und die mobile Kirche steht immer noch.

Yearly soap

Ende des Sommers findet es wieder statt, nachdem es einige Jahre aus verschiedenen Gründen abgesagt werden muss – das Seifenkistenrennen am Hülser Berg. Ob Doppeldecker, Papageien oder rasende Ritter – vielfältig sind die Wagen, die aber selbst gebaut sein müssen. Da die Rennstrecke mit der S-Kurve als besonders anspruchsvoll gilt, werden die Wagen vorher geprüft und abgenommen. Es ist immer ein großes Ereignis für die ganze Familie.

ER BEBT, SIE ZITTERT …

Der eine mag es so, der andere eben anders. Zum Glück haben wir in Krefeld wieder die Möglichkeit, beides zu erleben. Wovon ich rede? Na, vom Kino. Manche wollen den absoluten Surround Effekt, wollen, dass die Sitze beben, wollen das absolute High-Tech Klangerlebnis, große Kinosäle mit modernster Technik. Das gibt es im Cinemaxx am Hauptbahnhof. Für andere ist ein Besuch im Kino ein Eintauchen in eine besondere Welt. Das bietet uns das Primus Programmkino an der Lewerentzstraße. Riecht es wirklich ein wenig staubig in dem mit Filmplakaten ausstaffierten Vorraum oder meint man das nur? So oder so, die bewegten Bilder faszinieren uns.

90 Jahre alt ist die wechselhafte Geschichte des Kinos. 1926 wurde es eröffnet und hat einige sehr glanzvolle Filmpremieren in den 30er-Jahren erlebt. Wie so viele andere Häuser auch, wurde es im Krieg getroffen und neu aufgebaut. Es hieß „Lux-Studio", dann „Casablanca" und dann wurde es geschlossen. Man hatte ja das Cinemaxx.

Die Kinogeschichte in Krefeld begann früh. 1898 wurden die ersten „bewegten Bilder" gezeigt – da gab es den Salon Varieté auf der Marktstraße. In etlichen anderen Sälen gab es hin und wieder Kinematographische Aufführungen. Das waren aber Mehrzwecksäle, in denen es Theater, Kunststücke, Ausstellung und solcherlei Merkwürdigkeiten zu sehen gab.

Der erste in Krefeld gezeigte Tonfilm lief in der Adventszeit 1929 im „Lichtspielhaus am Neumarkt". Gezeigt wurde „Der Untergang der Titanic" – ein

Publikumsmagnet, auch ohne Leonardo DiCaprio. Das Lichtspielhaus am Neumarkt konkurrierte in den frühen 20er-Jahren mit dem Apollotheater in der Friederichstraße. Dann kam unter anderem auch das Primustheater in der heutigen Lewerentzstraße dazu. Es gab das TON-Theater ohne Namen auf der Dießemerstraße, die Nordlichtspiele auf der Hülserstraße, das Capitol-Theater am Alexanderplatz, Odeon, Atrium, UFA-Palast, Seidenfaden-Lichtspiele und, und, und ... aber alles hat ein Ende und Kinokultur auch. Fast. Das Primus, Lux, Casablanca und jetzt wieder Primus gibt es noch. Wieder. Trotzig bleibt es am Leben, versucht sich gegen die Multiplexriesen zu behaupten.
Nicht jeder mag die alten plüschigen Sitze, den Holzboden und das verstaubte Entree. Aber auch nicht jeder mag das Gefühl, mitten im Film zu sitzen, die Trommelfelle kurz vor dem Platzen und die Nerven durch die Vibrationsbässe vibrierend. Ich mag es, Filme abseits des Mainstreams zu gucken, seltene Filme, solche, die nur auf Festivals laufen – oder im Primuspalast. Manchmal mag ich aber auch Popcorn und Dolby-Surround und alles, was dazugehört. Man muss sich nicht endgültig für eine Variante entscheiden, man kann wechseln – aber eben nur, wenn man Alternativen hat. Und wir in Krefeld haben sie.

Samt und Seide – gerappt

Rappen ist keine neue Webart, sondern eine Musikrichtung. KR KR Musik steht für ein Gemeinschaftsprojekt von Krefelder Rappern. Das Lied „Samt und Seide" wurde innerhalb kurzer Zeit ein YouTube-Hit. Die Krefelder Musiker arbeiten an weiteren Projekten und man wird sicher noch von ihnen hören.

DAS IST JA MIES!

Was hat Krefeld mit der Avantgarde der Zwanzigerjahre des letzten Jahrhunderts zu tun? Eine ganze Menge. Daran beteiligt war Hermann Lange, der Gründer der Verseidag. Der lernte in Berlin Ludwig Mies van der Rohe, einen damals schon bekannten Architekten, kennen und schätzen. Klar, es geht um die Museen

Haus Lange und Haus Esters an der Wilhelmshofallee. Nicht-Krefelder mögen die übergroße Zahnbürste im Vorgarten für ein Hinweisschild auf eine Zahnarztpraxis halten, es ist aber eine Skulptur des Pop-Art-Künstlers Claes Oldenburg.

Das Museum Haus Esthers mit der Zahnbürstenskulptur von Claes Oldenburg.

Hermann Lange ließ nicht nur Seide weben, er sammelte auch zeitgenössische Kunst. Und er brauchte, ebenso wie sein Freund und Geschäftspartner, ein neues Haus. Entworfen und gebaut hat die Häuser 1927–1930 Mies van der Rohe, dessen Motto „weniger ist mehr“ für seine Entwürfe, aber nicht für seinen Namen gilt. Eigentlich hieß der Sohn eines Aachener Steinmetzes nämlich nur Ludwig Mies, seine Mutter war eine geborene Rohe, und er verband beides zu seinem Künstlernamen. Klingt gut und wer will schon „Mies“ heißen?
Wenn Sie eine der Wechselausstellungen in den Häusern Esters und Lange besuchen, achten Sie auf die Räume selbst. Weit sind sie, sie öffnen sich zu den Gärten hin, beziehen die Umgebung mit ein.
Ursprünglich wollte der Architekt alles sehr schick haben, in seinen Häusern. Es gab nur ein winzigkleines Problem, weil die damaligen Bauherren mit ihren Familien nicht nur repräsentieren, sondern auch in den Häusern wohnen wollten. Eine durchgängige Wohnfläche ohne Türen und Wände – so stellte sich das der Architekt vor. Fantastisch, raumgreifend, weit – aber mit Familie? Mit Kindern? Muss jeder das Chaos im Esszimmer sehen, wenn die Kinder gerade ihre Hausaufgaben gemacht oder gebastelt haben? Muss jeder das Flickzeug und die Bügelwäsche sehen, die im Wohnzimmer stehen? Wobei ich mir fast sicher bin, dass Frau Lange weder mit Flickzeug noch mit Bügelwäsche belastet war, aber Sie verstehen sicher meinen Gedanken – es geht ja um das Prinzip.

Und so gab es einen Kompromiss – eine Holzwand, die abbaubar war. Für große Gesellschaften gab es einen großen L-förmigen Raum, in dem Wohnzimmer, Arbeitszimmer und Esszimmer nur durch Teppiche und Möbel gegliedert waren. War die Familie unter sich, wurde die Holzwand wieder aufgebaut und Türen konnten geschlossen werden.

WILLST DU DENN, WILLST DU DENN ZUM STÄDTELE HINAUS ...

Krefelds Autobahn und Teufel ist die A 57. Von dort aus gelangt man in die Welt – zwangsläufig. Denn außer der A 44 gibt es keinen anderen wirklichen Autobahnanschluss an die Stadt. Für die einen mag die A 57 eine Autobahn sein, für andere ist es die längste Baustelle der Welt.

Das passt ja zu Krefeld – ich weiß nicht, wie Sie das empfinden, aber in den letzten Jahren gab es mehr Großbaustellen als sonst was in unserer Stadt. Und wenn man in Richtung Köln fährt, braucht man vor allem eines – Geduld. Und wer hat die schon? Ich stehe nicht gerne im Stau.

Aber alles soll ja besser werden. Früher gab es die Hohe Straße – sie lag über dem Rheinniveau und führte durch Krefeld, war Hochwas-

Die A57 – ausnahmsweise mal ohne Stau.

sersicher und hatte bestimmt keine Staus. Heute gibt es einen Ausbau nach dem nächsten, aber nur nach langen Diskussionen. Ja, wir wollen eine gute Verkehrsanbindung. Wir wollen aber keinen Lärm. Wir möchten am liebsten, dass die A 57 über Nacht per Zauberhand vierspurig ausgebaut, lärmgeschützt und kostenfrei ist – ohne Land von den Anliegern in Anspruch zu nehmen. Bitte. Warum ist das nicht möglich? Ist es nicht. Und deshalb wird es noch eine Weile dauern, bis aus der Dauerbaustelle eine Autobahn ohne Staus wird. Falls das jemals passiert. Wir sehen uns auf dem Rastplatz Geismühle – da können wir immerhin ein Denkmal bewundern und Kaffee trinken, bevor wir uns wieder hinten anstellen. Genau – wir sollten uns nicht so anstellen, sondern froh sein, dass es die Autobahn gibt ...

Der neue Trimm-dich-Pfad im Stadtwald.

Los, trimm dich!

1962 wurde in Münster die erste „Schweißtropfenbahn" eröffnet – ein Trimm-dich-Pfad. Seit 2015 gibt es einen neuen Bewegungsparcours im Krefelder Stadtwald. Aus acht Stationen besteht der Pfad und die einzelnen Übungen – es gibt drei Schwierigkeitsstufen – werden ganz einfach anhand von Schildern erklärt. Also raus in den Stadtwald und fit werden!

Kämpfen und Siegen – unser KEV!

Kämpfen und siegen

Am 7. November 1936 verfolgten 8000 Zuschauer das erste Spiel einer Krefelder Eishockeymannschaft – der KEV war geboren. Und immer noch sind die Pinguine die beliebteste Sportmannschaft in Krefeld. 1953 wurden sie das erste Mal Deutscher Meister, in der legendären Saison 2003 das zweite Mal. Aber das wird doch nicht das letzte Mal gewesen sein, oder? Kämpfen und siegen, Pinguine!

DIE DUNKLE SEITE DER MACHT

Sehen, riechen, fühlen kann man die dunkle Seite Krefelds in der Villa Merländer. Richard Merländer war ein Kaufmann, er hatte mit Kompagnons einen Samt- und Seidengroßhandel und war recht wohlhabend. Auf der damaligen

Bockumer Allee – heute Friederich-Ebert-Straße – ließ er sich eine Villa errichten und von Heinrich Campendonk Wandgemälde malen. Doch die Nazis saßen sowohl dem Maler als auch dem jüdischen Geschäftsmann im Nacken. Es half Merländer nichts, dass er die Campendonk Gemälde übermalen ließ – er wurde weiterverfolgt, musste sein Geschäft und sein Haus schließlich aufgeben und starb in Treblinka.

Heute ist die Villa Merländer NS-Dokumentations- und Begegnungszentrum. Außergewöhnlich sind die Duftstationen dort. Es riecht auf Knopfdruck nach verbranntem Holz, Bilder von zerbombten Häusern hängen an den Wänden. Aber nicht nur Brandgeruch lässt sich dort erschnuppern – auch Bohnerwachs und Kernseife – alles Duftbilder für Säuberung und falsche Politur.

Das ist schmerzhaft, trotzdem darf dieser Teil unserer Vergangenheit nicht in Vergessenheit geraten. Und gerade das Geruchskonzept macht den Besuch in der Villa Merländer außergewöhnlich und bewegend. Tun Sie es und nehmen Sie Kinder und Enkel mit. Nur wer vergessen ist, ist wirklich tot – lassen Sie Richard Merländer nicht ein zweites Mal sterben.

KÄFFCHEN? SCHNÄPPSCHEN?

1898, um genau zu sein, am 15. Dezember, wurde eine große technische Novität in Krefeld in Betrieb genommen. Da staunen Sie, oder? Krefeld als Fortschrittsstadt. Ja, so war das damals, als die K-Bahn – die erste städteverbindende elektrische Schnellbahn Europas – nach Düsseldorf fuhr. Das K in K-Bahn steht aber nicht für Kleinbahn, sondern tatsächlich für Krefeld. Heute heißen die Linien U70 und U76, denn die K-Bahn gibt es natürlich immer noch.

1924 kam die nächste Novität, nämlich ein Speisewagen. Das gab es ansonsten nicht bei Straßenbahnen und wurde so gut angenommen, dass die Rheinbahn gleich vier weitere Speisewagen anfertigen ließ. Man konnte also auf der Fahrt von oder nach Krefeld genüsslich einen Kaffee oder ein Schnäpschen trinken, sogar Speisen wurden angeboten.

Der Speisewagen wurde zunächst vom Hotel „Breidenbacher Hof" betrieben. Später übernahmen Angestellte des Hotels seine Bewirtschaftung in eigener Regie. 1943 wurde die Verköstigung der Reisenden mit einem Speisewagen kriegsbedingt eingestellt. Nach dem Krieg gab es einige Unterbrechungen.

1949 nahm die Rheinbahn auch auf der Linie D nach Duisburg einen Speisewagenbetrieb auf.
Überrascht es Sie wirklich, wenn ich Ihnen sage, dass sich die Bahn in den 50er-Jahren fast schon auf heutigem Niveau bewegte? In den Speisewagen gab es tatsächlich kleine Telefonzellen. Ob sich damals die Mitreisenden auch schon über das nervige Gelaber des Telefonierenden geärgert haben oder waren die Gespräche etwas diskreter?
Ich weiß es nicht. Was ich weiß ist, dass es mich unglaublich nervt, wenn ich an einer Lebenskrise, an der Vorabendplanung, an Streitigkeiten und sonstigem privaten Gedöns von Mitreisenden teilnehmen muss, weil sie nicht kapieren, dass sie nicht nur mit demjenigen auf der anderen Seite der Leitung quatschen, sondern mit ihren lautstarken Gesprächen auch alle anderen drumherum mithören lassen. Aber das ist ein anderes Thema.
Hin und wieder fährt heutzutage ein Rheinbahn Bistro auf der Strecke. Die K-Bahn hat übrigens die Normspurbreite der Eisenbahnen und deshalb haben wir auf dem Ostwall auch zwei Gleise pro Strecke und damit zweimal mehr die Möglichkeit mit den Absätzen stecken zu bleiben – die breitere für die K-Bahn und die schmalere für die Straßenbahnen in Krefeld.

MATTHES VERTÄLLT

DIE ZWEI BRÜDER

Krefeld

DAS IST JA WIEDER TYPISCH!

ZUM LACHEN IN DEN KELLER

VOLL DEN DURCHBLICK

Sie kennen doch die KÖ – die Königsallee im benachbarten Düsseldorf, der Prachtboulevard, die Straße der Reichen und Schönen. Natürlich haben wir so etwas auch. Fast zumindest. Schließlich und endlich gibt es eine Namensähnlichkeit, denn in Krefeld haben wir die Königstraße. Diese war allerdings, genau wie die übrige Innenstadt, im Zweiten Weltkrieg ziemlich in Mitleidenschaft gezogen worden und ähnelte mit all ihren Baulücken lange Zeit eher dem Mund eines Sechsjährigen.

Aber wir Krefelder sind ehrgeizig. Eine Allee mit eindrucksvollem Baumbestand oder gar ein wassergefüllter Graben, das können wir nicht. Doch die Einzelhändler taten sich zusammen und hatten die geniale Idee, die Straße zu überdachen. Und zwar mit einem Glasdach. Baulücken wurden gefüllt, neues Pflaster gelegt und ein 520 Meter langes Glasdach schützt die durchfahrenden Autos vor

Hier kann man trockenen Fußes die Königstraße entlanggehen.

Wettereinflüssen. Zugegeben, nur für einen Augenblick oder zwei. Tatsächlich haben die Glasvordächer über den Bürgersteigen die Straße aufgewertet. Wenn ich dort entlanggehe, führt mich mein Weg unweigerlich zum Stadtmarkt am Behnischbau. Nein, man muss nicht in Düsseldorf wohnen, um nett einkaufen zu gehen, die Königstraße ist tatsächlich eine Flaniermeile geworden. Und wir alle hoffen sehr, dass die Vielfalt der hochwertigen Geschäfte weiterhin bestehen bleibt und nicht zu dem Einheitsbrei anderer Städte und Straßen verkommt.

MATTHES VERTÄLLT

Wenn Sie an einem Samstag im frühen Herbst eine lange Menschenschlange auf der Peter-Lauten-Straße entdecken, ist es wieder so weit. An diesem Tag, und nur an diesem Tag, gibt es die Karten für die nächste Spielzeit der Krieewelsche Pappköpp. Kenner und Liebhaber wissen, wie schwer man darankommt. Waren Sie schon mal bei den Pappköpp, dann wissen Sie es auch. Der wahre Fan ist schon am frühen Morgen am Pappköpptheater, ausgerüstet mit Klappstuhl und Thermoskanne.

Natürlich wissen Sie, wer die Krieewelsche Pappköpp sind, unser einzigartiges Mundart-Marionettentheater. Ja, Krieewelsch stirbt langsam aus und nicht jeder versteht es noch. Ich habe da auch so meine Schwierigkeiten, doch ich hatte mehrmals das Glück, eine Aufführung zu sehen und muss sagen, man versteht es, ohne jedes Wort übersetzen zu können.

1979 wurde das Amateurtheater gegründet und seit 2004 hat es sein eigenes „Schauspielhaus“ eben an besagter Peter-Lauten-Straße. Der Bau ist so eine Sache – es war einst die Kirche der St. Bonifatius Gemeinde, wurde aber in den 60er-Jahren entweiht. Danach diente das Gebäude als Turnhalle und jetzt ist es ein Theater. Die alte Stuckdecke steht unter Denkmalschutz und ist ein Traum. Die Pappköpp suchen Nachwuchs, sie sagen: Wenn Do Krieewelsch Platt kalle kanns, öm suo beäter. Wenn net, es dat och ejal. Et jövvt jenoch angere Krooem be os tu duon.
Also, falls Sie Interesse haben, melden Sie sich doch einfach bei Matthes oder Schäng oder einem der anderen Pappköpp.

GESCHLOSSENE GESELLSCHAFT

Während ich dieses Buch schreibe, denke ich an Berlin und seinen Flughafen oder die Elbphilharmonie in Hamburg. Ganz so schlimm ist es allerdings nicht mit dem Kaiser-Wilhelm-Museum, das von 1894 bis 1897 gebaut wurde. 1899 wurde das Museum eingeweiht. 1910 bis 1912 wurde es allerdings wieder geschlossen – es war zu klein und wurde um Nord- und Südflügel erweitert. 1942 war das Museum kriegsbedingt zu, überstand den Krieg aber zum Glück unbeschadet und konnte wieder geöffnet werden. Gegenwartskunst nahm einen immer größer werdenden Stellenwert ein. 1960, man glaubt es kaum, wurde das Museum

Das Kaiser-Wilhelm-Museum als Großbaustelle.

jedoch abermals geschlossen. 1966–1968 wurde der Treppenbereich entkernt und modernisiert. Und ein Jahr später stand es endlich wieder der Öffentlichkeit zur Verfügung. Aber 2010 schloss das Museum. Man wird sehen, wie es weitergeht.

Mörderischer Niederrhein

Seit 2001 gibt es sie – die Krefelder Krimitage. Immer im November wird an verschiedenen, spannenden Orten gemeuchelt und gemordet, gelesen, gegessen, getrunken, erzählt und gelauscht. Das ist so kriminell interessant und gut besucht, dass Krimiautoren aus ganz Deutschland nach Krefeld reisen, um uns das Fürchten zu lehren.

DIE ZWEI BRÜDER

... von Venlo? Das haben Sie jetzt vielleicht gedacht, ich meine aber zwei andere Brüder – nämlich Claes und Abraham ter Meer. Ter Meer, sagen Sie jetzt vielleicht, da war doch dieser Edmund ter Meer, dieser Chemiker, der die IG Farben gegründet hat? Ja, den gab es auch. Aber ich möchte Ihnen von Abraham (1729–1804) und seinem etwas älteren Bruder Claes erzählen. Die beiden haben nämlich zusammen Tagebuch geschrieben, bis Claes 1758 kurz nach der großen Schlacht an der Hückelsmay verstirbt. Von da an schrieb Abraham alleine weiter. Tagebuch – das ist doch langweilig, mögen Sie denken. Ist es aber nicht. Die beiden Brüder waren Weber, aber sie beobachteten auch die Natur, das politische Geschehen, machten wissenschaftliche Versuche, ein wenig Klatsch und Tratsch gibt es außerdem. Die Tagebücher wurden 1936 im Zelt Verlag Krefeld gedruckt. Heute gibt es noch einige wenige antiquarische Exemplare.
Am Ende eines jeden Jahres fasste Abraham das Wettergeschehen zusammen.
„Im verflossenen Jahre, dem Jahr 1759, hat es gegeben:
150 Tage, die nicht ohne Regen waren,
151 Tage, an denen es schön oder leidlich war,
30 Tage, an denen es heiß war,

64 Tage mit Frost, davon 17 mit starkem,
78 Tage, an denen es bedeckt oder nebelig war,
53 Tage, an denen Wind war,
4 Tage, an denen es Schnee gab,
4 Tage, an denen es Hagel gab,
13 Donnerwetter,
2 Abende, an denen es wetterleuchtete,
2 Erdstöße."

Vielleicht wundern Sie sich jetzt und fragen sich, ob damals die Jahre viel länger waren als heute? Nein, das war nicht so. An manchen Tagen war es nebelig und hat geregnet oder geschneit. An Hageltagen wird es geregnet haben und vielleicht gab es zusätzlich ein Donnerwetter.

Erdstöße erwähnen die beiden Brüder übrigens häufiger. Möglicherweise war man damals, als die Straßen noch nicht mit Beton oder Asphalt überzogen waren, sensibler für die kleineren Erdbeben, vielleicht war das Rheinland damals aber auch einfach aktiver – schließlich sitzen wir in einer der erdbebenreichsten Gegenden Deutschlands.

Claes und Abraham ter Meer haben uns nicht nur Wetterdaten hinterlassen, sondern ebenso einen detaillierten Einblick in das damalige Stadtgeschehen. Übrigens wohnte Abraham in einem Haus auf der Hochstraße, etwa dort, wo jetzt Thalia ist. Und er hat den ersten Lesezirkel Krefelds eingeführt und war später Buchhändler und Verleger. Das Haus gibt es leider nicht mehr.

Brauchst du Energie?

Traubenzucker in quadratischer Form, schnell ausgepackt, schnell verzehrt soll auch schnelle Leistungssteigerung bringen. Hergestellt wird Dextro-Energy in Krefeld. Seit 1927 schon verkauft die Firma ihre Produkte – erst ein weißes Dextrosepulver, das unter den Namen Dextrose Purum oder Nährzucker in Apotheken verkauft wurde. 1929 wurde der Markenname Dextropur etabliert und von Ärzten als Kräftigungsmittel verschrieben. Kraft aus Krefeld also.

NICHT MIT UNS!

Ja, die rheinischen Frohnaturen können durchaus dickköpfig sein und schon mal durch die Wand gehen wollen. Erinnern Sie sich noch an das Rhenania Alt? Das war zuerst eine Hausbiermarke im Et Bröckskes, ab 1888 wurde in Krefeld Königshof gebraut. Allerdings nur bis 2002 – da war Schluss mit Rhenania, die Braurechte wurden verkauft. Das Gebäude und die Kessel in Krefeld sollten Stein um Stein, Leitung um Leitung abgebaut und in Algerien wieder aufgebaut werden. Was für eine Vorstellung! Doch manchmal kommt es anders. Der Braumeister, der natürlich nicht nach Algerien wollte, tat sich mit einem Unternehmer zusammen und gewann ihn als Investor für die Brauerei. Mit zuerst nur 11 Mitarbeitern braute man das Landfürst Bier. Seit 2007 gibt es das Königshofer – als Alt, Pils und Export. Das ist doch was, worauf wir Krefelder wirklich stolz sein können – eine Brauerei wurde erhalten, wächst seitdem wieder und schafft Arbeitsplätze, statt in der algerischen Sonne zu rösten. Prost!

Schwätzen

„Lott ens schwaade" ist die Krefelder Talkrunde, die einmal im Monat im Bistro Mikado interessante Gäste aus der Seidenstadt vorstellt. Begleitet von guter regionaler Musik bietet sich dem interessierten Publikum immer wieder Neues und Spannendes. Die Macher, Jörg Enger und seine Frau Susanne, zeigen, dass Krefeld gar nicht langweilig ist.

DAS HAUS AM SEE

Natürlich – Krefeld liegt nicht am Rhein, Uerdingen schon. Aber früher, viel früher, also SEHR viel früher, bevor es überhaupt so etwas wie eine Siedlung hier gab, da floss der Rhein durch Krefeld. Heute haben wir als Überreste die Niepkuhlen – die verlandeten Altrheinrinnen.

Dass der Rhein in seinem heutigen Bett strömt, liegt an den Eiszeiten. Gletscher haben ihn aus seinem ursprünglichen Lauf gedrängt. Eine ziemlich kalte Angelegenheit, schätze ich. Übrig geblieben sind die Niedermoorgebiete mit ihren Torfschichten. Zu besiedeln war da nichts – man bekam ständig feuchte Füße. Heute ist der größte Teil des Gebiets durch Drainagen trockengelegt, andere Stellen durften Biotope werden. Und das ist auch gut so. Den Wiesenpieper findet man, genauso wie das Teichhuhn, den Kiebitz, den Eistaucher und viele andere selten gewordene Vogelarten. Dazu gibt es etliche Amphibien: Kammmolche, Frösche und die Erdkröte.

Blick auf die Niepkuhlen.

Eine Brücke gab es auch mal ... allerdings nur wenige Jahre. Sie soll erneuert werden, aber wann, steht in den Sternen, die Sie übrigens nachts an den Niepkuhlen besonders gut sehen können, denn Häuser an den Seen und Teichen gibt es nur wenige.

GUTE, BÖSE UND KREFELDER

Krefeld hatte, das wissen Sie sicher, eine Sonderstellung in Preußen. Der alte Fritz hielt nicht so viel von den Städten am Niederrhein. Er schrieb in einem Brief: „Die Klever sind Dummköpfe, wirr und im Rausch ihrer Väter gezeugt, die weder natürliche Talente noch erworbene Kenntnisse besitzen.“ Man mag von Kleve halten, was man will, aber dieses Urteil ist doch viel zu hart und stimmt ganz sicher nicht.

Krefeld jedoch mochte Friederich der Große – und nicht nur wegen der Strümpfe. Städte mit großen Manufakturen hatten im preußischen Reich einen Sonderstatus. Es wurden darin keine Rekruten für die Armee „geworben" (meist wurden sie betrunken gemacht und wachten im Dienst des Königs wieder auf, weil sie im Suff ihre Unterschrift gesetzt hatten). Da der alte Fritz die Stadt und die Seidenbarone in vielerlei Hinsicht bevorzugte, prägte man im Kurkölner Land den Spruch: „Es gibt Gute, Böse und Krefelder".
Den haben Sie sicherlich schon einmal gehört, denn Fritz Huhnen, geboren 1895 und gestorben 1981, hat 1955 ein gleichnamiges Buch geschrieben und gezeichnet, in dem er die Krefelder glossiert. Leider sind viele seiner frühen Arbeiten bei dem großen Bombenangriff 1943 verbrannt. Er war Bühnenbildner, Kriegsmaler und später freier Künstler.
Und Helau, Fritz Huhnen! Er war nämlich 1935 zusammen mit Lilo Lange der Karnevalprinz in Krefeld. Ihr Motto war: „Kriewel packt ut" – das könnte man ja mal wieder verwenden, für die Guten, die Bösen und die Krefelder.

Nicht lange haltbar

Maximal 21 Tage sind die Sie-Knöngels haltbar, meistens schaffen sie es aber nicht so lange. Warum? Weil sie so lecker sind. Sie-Knöngels sind die Seiden-Knödel der Konditorei Heinemann, echte Krefelder Pralinen. Es ist ein Trüffel in Verbindung mit einer Nussmasse, umgeben von gerösteten Haselnüssen und mit echter Heinemann-Schokolade überzogen. Lecker.

ZUM LACHEN IN DEN KELLER ...

Angeblich gehen manche Leute zum Lachen in den Keller. Viele Krefelder sind aber eine ganze Weile, nämlich von 2000–2004, zum Lachen in das Wohnzimmer von Betti Ixkes und Rüdiger Höfgen in ihrer Wohnung auf der Dionysiusstraße gegangen. Die beiden Krefelder Theatermacher haben sich nicht nur in unserer Stadt einen Ruf erlacht, sondern sind bundesweit bekannt.

2004 zog das PODIO Wohnzimmertheater in die Jägerstraße und spielte dort bis 2011 sehr erfolgreich. Bei den rund 500 Veranstaltungen waren sehr bekannte Künstler dabei, wie Claus von Wagner (Die Anstalt), Christian Ehring, Anka Zink oder Knacki Deuser.

Betti Ixkes und Rüdiger Höfgen zusammen mit René Schalthöfer beim großen PODIO-Kehraus.

Ab 2012 vergrößerten sie sich – die neue Spielstätte war auf dem Gelände der Brauerei Königshof. Der Saal bot nicht nur 75 Zuschauern Platz, sondern hatte auch eine „Kulturküche", die vom Jazzkellerteam betrieben wurde. Doch nach 19 sehr erfolgreichen Monaten mit fast 100% Auslastung kam das frühe Ende – der Mietvertrag wurde wegen Eigenbedarfs der Brauerei gekündigt. Das Ende einer kabarettistischen Ära in Krefeld? Nicht nur wir Krefelder protestierten entsetzt, sondern über 100 deutschsprachiger Kabarettisten unterschrieben eine Petition zur Erhaltung des PODIO – darunter Volker Pispers, HG Butzko und Rene Steinberg.

Es wäre doch gelacht, wenn es keine Lösung gäbe! Seit Herbst 2014 dürfen die beiden Künstler unter anderem das Glasfoyer des Stadttheaters oder den Kulturpunkt der Friedenskirche für ihre Veranstaltungen nutzen.

Und kennen Sie das Glühweinkabarett? Das gibt es seit 2002, immer um den 4. Advent in wechselnden Lokalitäten. Inzwischen hat es seinen festen Platz im Stadtwaldhaus gefunden und wird nun hoffentlich noch viele Jahre bleiben.

Zum Lachen gehen die Krefelder also zu Betti und Rüdiger.

DAS IST SPITZE

GEHEN SIE NICHT ÜBER LOS …

Krefeld

EHRWÜRDIG

WER WIND SÄHT, WIRD STURM ERNTEN

DA KRIEGST DU JA DIE MOTTEN!

Nein, es geht nicht um Insekten, sondern um die Burg Linn. Schon um 1000 stand dort, wo jetzt die schöne Wasserburg über den Rhein schaut, ein hölzerner Turm – eine Motte, die durch einen Graben geschützt wurde. Otto und sein Bruder Gerlachus von Lynn bauten darauf einen Wohn- und Wehrturm aus Tuftstein und Kiesel.

Nun war aber Otto de Linne ein Mann seiner Zeit und wollte den dritten Kreuzzug mitmachen – das tat er auch, aber dafür brauchte er Geld. Also verkaufte er 1188 sein Allodium de Linne an den Kölner Erzbischof Philipp I. von Heinsberg. Und zwar für hundert Mark. Und dann leaste er die Burg quasi als Lehen zurück. Ganz schön clever, der alte Otto. Wie das so ist – wenn einer eine Reise tut, dann hat er viel gesehen. Otto ließ sich von der byzantinischen Baukunst inspirieren und baute die Burg nach dem Feldzug weiter aus.

Es kam eine Burgmauer dazu, ein spiegelsymetrisches Sechseck aus Backstein. Später gehörte die Burg zur Grafschaft Kleve.
Sie war eine der größten Wasserburgen des Niederrheins, wurde aber mehrfach zerstört. 1728 galt sie als unbewohnbar – nur der Kerker wurde weiterhin benutzt. Gewohnt hat man auf der Vorburg. 1806 erwarb einer der Seidenbarone – Isaac de Greiff – die Burg, das Jagdschlösschen und die Zehntscheune und nutzte es als Sommerresidenz und Jagdhaus. Seine Tochter Marianne wuchs mit ihrer Schwester dort auf und bewohnte das Jagdschloss bis zu ihrem Tod 1902.
Obwohl Linn und Uerdingen erst seit den 1920er-Jahren zu Krefeld gehören, gilt die Burg Linn als eines der bekanntesten Krefelder Wahrzeichen.

Die wiederaufgebaute Burg Linn.

Versumpft

Sumpfig und feucht war das Gebiet um Krefeld im 14. Jahrhundert. 1406 wird die Burg Krakau das erste Mal erwähnt. Sie stand 800 Meter östlich der Stadtmitte (damals der Dorfmitte), im Sumpf. Die Burg wechselte die Besitzer wie andere Unterwäsche, sie wurde besetzt, niedergebrannt und abgetragen. Heute ist nur noch das Mauerwerk vom „Hohen Haus" im Ortsteil Cracau zu sehen – die Steine sollen aus der alten, sumpfigen Wasserburg sein.

DIE SPINNEN, DIE RÖMER …

Tatsächlich wurde erst später in Krefeld gesponnen, dann aber so richtig erfolgreich, sonst hätte Krefeld wohl kaum den Beinamen „Samt- und Seidenstadt“. Römer gab es aber schon früher hier. Und bereits davor wurde am Niederrhein fleißig gesiedelt. Die ersten Funde stammen aus der Jungsteinzeit. Da wurde man langsam sesshaft. Dass das ausgerechnet hier passierte, kann ich verstehen, ist mir ja auch passiert und irgendwie ist es schön am Niederrhein.
Die Römer kamen halt irgendwann vorbei und ließen sich nieder. Anderswo bauten sie Wälle und andere Befestigungsanlagen. Als sie zu uns kamen, nahmen sie einfach das, was da war, nämlich den Rhein. Der bildete die natürliche Grenze, das reichte den selbstbewussten Römern. Gelduba war ein Garnisonsplatz am niedergermanischen Limes – also am Rhein. Und Gelduba ist heute Gellep-Stratum. Das wissen Sie natürlich. Von den Römern bis zu den Merowingern wurde an diesem Platz nicht nur gewohnt, sondern auch gestorben und beerdigt. Besonders bekannt ist der Garnisonsplatz wegen seiner Nekropole. Das klingt ganz toll, bedeutet aber eigentlich nur, dass dort ein besonders großer Friedhof ist.

Ein Fund aus Gelduba.

Tacitus und Plinius erwähnen das Kastell – vor allem in Bezug auf eine große Schlacht um 70 nach Christus.
Auch sonst findet man auf Krefelder Boden Hinweise auf die alten Römer – eine römische Villa soll in Elfrath gestanden haben. Bei Ausgrabungen stieß man auf die Überreste eines Tempels. Anderswo in Krefeld gibt es Spuren von Landhäusern. Gesponnen haben die Römer wahrscheinlich von den Germanen – ob überheblich oder furchtsam sei dahingestellt. Seide wurde damals noch nicht gewebt. In den Museen in Linn kann man aber sehr viel über die römische Geschichte der Stadt erfahren. Und das Grab des Frankenfürsten Arpvar, das ist schon was.

Trau dich!

In den Hafen der Ehe einfahren kann man im Triebwagen 93, der wegen seiner markanten Farbe (richtig: BLAU!) auch blauer Enzian genannt wird. 1901 fuhr er das erste Mal auf Krefelds Schienen, heute kann man ihn für Events oder Trauungen buchen. Da setzen Sie Ihre Ehe auf die richtige Schiene. Ganz bestimmt.

DAS IST SPITZE

Es war ein großer Tag in Krefeld, als 1754 der Grundstein für die Dionysiuskirche gelegt wurde. Zu der Zeit gab es schon zwei Kirchen in der Stadt – die protestantische „alte“ Kirche und das unscheinbare Gotteshaus der Mennoniten. Die Hälfte der Bevölkerung war aber katholisch und musste ihre Messe im kleinen Franziskanerkloster abhalten. Doch dann endlich durfte gebaut werden. Der Tag der Grundsteinlegung wurde groß gefeiert, denn ein hoher Gast kam – der Erzbischof und Kurfürst Clemens August. Da staunten die Krefelder nicht schlecht, als er auf dem Bauplatz erschien – er trug Schuhe mit roten Sohlen und Absätzen. Überhaupt war der streng aussehnende und hagere Mann so ganz

Die Dionysiuskirche samt Turm mit neuer Spitze.

anders, als man sich einen Erzbischof vorstellte. Er liebte es zu jagen und zu feiern. Deshalb blieb er auch nicht lange bei der Grundsteinlegung, sondern überließ den Platz alsbald der Bevölkerung, um es sich bei den von der Leyen gut gehen zu lassen. Gefeiert haben die Krefelder aber auch – Buden und Stände waren auf dem Dionysiusplatz aufgebaut worden, eine Kapelle spielte lustige Lieder. Erinnern sie sich an das Sturmtief Queenie 2004? Ich auch nicht. Aber die Dionysiuskirche kostet es ihre Turmspitze. Eines der Krefelder Wahrzeichen ohne Spitze? Das ging natürlich gar nicht. Es wurde zusammengelegt, gesammelt, es gab zahlreiche Aktionen und 2010 konnte schließlich ein neues Turmdach angebracht werden.
Ja, die Krefelder sind eben spitze.

DARAUF EINEN DUJARDIN

Na klar, es geht um die über zweihundert Jahre alte Weinbrennerei in Uerdingen. Angefangen hat alles damit, dass 1743 Wilhelm Heinrich Melcher, einem „patentyrten Branntweinbrenner“, die Bürgerrechte in Uerdingen verliehen

wurden. Ab 1780 brannte er Wacholderschnaps und Korn. Als die Franzosen das Gebiet besetzten, brannte die Familie „Cognac“ – der Wein dazu kam vom Weingut Dujardin in der Charente. Man ging eine Kooperation ein und der Name „Dujardin“ für Weinbrand (denn nach dem Ersten Weltkrieg durfte der Begriff „Cognac“ für in Deutschland hergestellte Brände nicht mehr verwendet werden) wurde zu einem Markenzeichen.
In Uerdingen wurde bis 1930 eine neue Produktionsstätte errichtet. Direkt am Rheinufer – somit verfügte man nicht nur über Zugang zum Wasser, sondern hatte auch einen Gleisanschluss. Bei dem verheerenden Luftangriff der Alliierten am 22. August 1943 wurden die Hallen und Lager vollständig zerstört. Zum Glück konnten vor dem Angriff noch einige Destillate gerettet werden. Mit ihnen wurde die Produktion einige Jahre behelfsmäßig fortgeführt.

Ein ganzer Tankwagen Hochprozentiges.

Nach dem Zweiten Weltkrieg gehörte die Uerdinger Weinbrennerei noch immer der Familie Melcher, und war bald darauf die zweitgrößte Brennerei in Deutschland. Der Werbeslogan „Darauf einen Dujardin …“ entstand 1952 und machte die Marke weiter bekannt.
Die Firmengeschichte ist von Höhen und Tiefen geprägt, das soll aber nicht unser Thema sein. In besonderer Erinnerung geblieben ist mir diese Anekdote: Die schmächtigen Lehrjungen sollten die riesigen Fässer säubern. Dazu mussten sie natürlich ganz hineinklettern. Allerdings mussten sie sich ein Seil um

die Fußknöchel binden, denn den leeren Fässern entströmte hochprozentiger Alkoholdunst und nicht selten verloren sie dort drin angeschickert das Bewusstsein.
Seit 2010 steht die Brennerei unter Denkmalschutz. Inzwischen wird dort kein Schnaps mehr gebraut. Stattdessen kann man in der historischen Kulisse wohnen, arbeiten, essen gehen, im Biergarten sitzen und vielerlei mehr. Auch Führungen gibt es. Übrigens, die eben erwähnten Fässer stehen immer noch in der Küferei – sie sind einen Blick wert – und eine Nase voll Duft. Der Besitzer – es ist die siebte Generation der Familie Melcher – hatte daran gedacht, aus den Fässern Dielenboden zu machen. Davon ist er wieder abgekommen, denn selbst in hundert Jahren wird das Holz noch Spuren von Alkohol ausdünsten.

WO DIE HERRLICHKEIT THRONT

1860 hatte Krefeld eine Skyline aus drei Kirchtürmen – die Alte Kirche, die Dionysiuskirche und die Synagoge. Sie ahnen es schon – es geht um ein dusteres Kapitel der Geschichte, aber sie hat ein schönes Ende.
Der erste jüdische Einwohner Krefelds wurde 1617 erwähnt, kurz nachdem die von der Leyen nach Krefeld gezogen waren. Die Juden hatten es ungleich schwerer als die Mennoniten, denen es auch nicht wirklich einfach gemacht wurde. Aber immerhin durften sie uneingeschränkt nach Krefeld ziehen, dagegen wurde nur 20 jüdischen Familien der Zuzug erlaubt. Dennoch lebten 1845 schon 80 jüdische Familien in der Stadt.
In den 1760er-Jahren wurde das erste Bethaus auf der „Juden-Kirch-Straße“ (heute übrigens die Mennoniten-Kirch-Straße – tja, so kann es gehen), erbaut. Zwischen 1851 und 1853 wurde von der jüdische Gemeinden in der Petersstraße eine Synagoge errichten, die mehrfach umgebaut wurde. In der Pogromnacht brannte die Synagoge vollständig aus. 1941 hatten fast alle Juden Krefeld verlassen.
Das hätte das Ende einer langen Geschichte sein können, doch das ist es zum Glück nicht. 2005 wurde der Grundstein für eine neue Synagoge in der Wiedstraße gelegt, 2008 wurde sie feierlich eröffnet.
Und heute? Heute ist die Synagoge in Krefeld nicht nur ein Gotteshaus, sondern auch ein kultureller Treffpunkt.

Die Hausbrauerei Gleumes.

Pils? Oder Bier?

1807 – man glaubt es kaum, beginnt die Geschichte der Brauerei Gleumes. „Zu den drei Kronen" hieß es damals auf der Sternstraße. Da ist Gleumes heute, nach einer wechselhaften Geschichte, immer noch.
August Gleumes wurde 1855 in St. Hubert geboren, heiratete 1893 Maria Wienges – Wienges – läutet da etwas bei Ihnen? Bestimmt. Auf Krieewelsch heißt es: Es ene kläjne Broueräj em Zänntrumm fun Krievel, di bräue allordingß zigg e paa Joohre nit mieh selleve, un loohße noh m Orrijinaal Rezäpp ier Bier annderswo bräue.
Jedenfalls ehelichte der Gleumes die Wienges. Er war Bierbrauer und sie hatte die Brauerei an der Sternstraße geerbt. Lagerbier wird hier gebraut. Immer noch. Aber jetzt gibt es auch Pils „Gleumes Heel" und Weizenbier. Die Traditionsbrauerei hat eine lange Geschichte. Und sie hat durchgehalten. Das mag an ihrer gutbürgerlichen Küche liegen. Ich sage nur Muscheln rheinischer Art ...

GEHEN SIE NICHT ÜBER LOS …

Monopoly kann man in Krefeld nicht spielen. Wir haben keine Parkstraße und keine Schlossallee. Und wir haben keine vier Bahnhöfe, sondern nur drei.
Der Nordbahnhof ist der älteste und steht heute unter Denkmalschutz. Sollten Sie gerne feiern oder gut bürgerlich essen gehen, kennen Sie ihn ganz sicher. Eröffnet wurde der Bahnhof 1870. Aus Moers kamen die Züge und fuhren bis zum Krefelder Hauptbahnhof. Am Nordbahnhof hält heute immer noch ein Zug – allerdings nur an Sonn- und Feiertagen – der Schluff, über den ich an anderer Stelle berichte. 1902 empfing der Nordbahnhof den allerhöchsten Adel: Einem Zug entstiegen Kaiser Wilhelm II. samt Gemahlin. Mit dem Adel ist inzwischen nicht mehr viel los, wenn, dann sind die Karnevalsprinzen zu Gast. Eine Weile führte der Karnevalszug am Nordbahnhof entlang, aber das ist inzwischen Geschichte.
Schon 1847 wurde der andere, der Hauptbahnhof in Krefeld in Betrieb genommen, das 113 Meter lange Hauptgebäude im Gründerzeitstil wurde erst 1907 errichtet. Die Fassade ist erhalten, aber die Innenhalle ist nach Kriegsschäden und Umbauten nicht mehr im Originalzustand. Immerhin verfügt der Hauptbahnhof inzwischen über funktionierende Aufzüge zu den Gleisen.
1908 schließlich wurde der Südbahnhof eingeweiht. Er liegt unterhalb der Schienen in Bogengewölben. Eigentlich

Der Krefelder Hauptbahnhof.

liegt die Station im Bahndamm, denn die Schienen wurden damals höhergelegt. Schon bald führte der Südbahnhof nicht nur von der Lage her ein Schattendasein. Heute aber funkelt dieses Baudenkmal wieder als Juwel der Kulturszene – das Werkhaus hat sich eingebracht und nun ist es ein Platz interkultureller Begegnungen. Projekte und Veranstaltungen finden dort ihren „Halt".
Einen Ostbahnhof hat Krefeld nicht. Oder? Ich weiß jedenfalls nichts davon und somit ist Krefeld beim Monopoly raus.

Im Nordbahnhof kann man wunderbar speisen.

WER WIND SÄHT, WIRD STURM ERNTEN

Fährt man auf der A57 in Richtung Krefeld, kommt unweigerlich irgendwann das Hinweisschild auf die Geismühle. Und man sieht sie auch, wenn man daran vorbeifährt. Der Berufsverkehr dröhnt an ihr vorbei und sie sieht dem Treiben gelassen zu, denn die Geismühle ist es gewohnt.
Da wo heute die Autobahn ist, war im frühen Mittelalter eine Handelsstraße. Esel und Pferde, Reiter und allerlei andere Fuhrwerke zogen an ihr vorbei. Das war nicht so laut und die Abgase beschränkten sich auf die Flatulenzen der

Die Geismühle in Oppum wacht über den Verkehr der A 57

Viecher und ihrer Begleiter. Aber die Geismühle hat nie idyllisch in der Landschaft gestanden. Wieso überhaupt „Geis"? Wir sind doch nicht bei Heidi, dem Almöhi und dem Geißenpeter – nein, das Wort „Geis" kommt von Geest – dem Gegensatz zu Dyk. Eine Geest war eine Sanderhebung. Und auf dieser Sanderhebung in dem feuchten Gebiet auf den alten Rheinarmen, hatten die Herren zu Kleve und ihre Drosten einen Wehrturm errichten lassen. Damals gab es kein Fastfood und keine Raststätten, stattdessen musste man die Fernstraße überwachen – wer weiß, wer da so anreiste. Damals lagen die Grafen von Kleve ja im Zwist mit Krefeld und mussten Ausschau halten nach Widersachern. Dass die Mühle früher keine Mühle, sondern ein Wehrturm war, sieht man ihrer für Mühlen etwas untypischen Form an. Um 1300 wird der zylindrische Wachturm mit der hochliegenden Tür und den Schießscharten errichtet worden sein.

Um 1450 wurde der Wehrturm zur Windmühle umgebaut. Die Mühle wurde als kurfürstliche Bannmühle eingerichtet. Das müssen Sie sich mal vorstellen – die Bauern aus Bockum, Osterath und Fischeln unterlagen dem Mühlenzwang und durften nur dort Korn mahlen lassen. Ist ja fast wie eine Mautstation.

Na ja, vielleicht wird ja diese Art des Geschäfts bald wieder aufleben, die Geismühle mit ihrem etwas erhöhten Sitz wäre dafür doch prädestiniert.

GIB DEM AFFEN ZUCKER

GANS ODER GAR NICHT?

Krefeld

TIERISCH GUT

DAS TROJANISCHE PFERD

WIR LASSEN UNS VERÄPPELN

Etwa 60 000 Menschen strömen jährlich zur Galopprennbahn am Stadtwald. Waren Sie auch schon einmal dabei? Ich schon und finde es jedes Mal wieder herrlich. Diese Mischung aus Volksfest und der unterschwelligen Spannung und sehen und gesehen werden.

Es gibt keinen Startschuss, mit einem leisen Klicken öffnen sich die Startboxen und die Pferde preschen auf die Rennbahn. Auch wenn man nicht auf ein Pferd gesetzt hat, ist es aufregend, die Rennen zu beobachten.

Aber die Krefelder Rennbann, die es schon seit 1913 gibt, hat noch viel mehr. Das wunderschöne Jugendstilgebäude wurde von dem Architekten August Biebricher entworfen, es ist absolut sehenswert. Nicht nur an Renntagen bietet die Gastronomie unter der Tribüne leckeres Essen, Events wie die Ü 30 oder 90er-Jahre-Partys, und das Open-Air-Kino im Sommer lockt viele Besucher an.

Blick auf den Golfplatz in der Mitte der Rennbahn.

Die überdachten Tribünen laden auch bei Regen zum Zuschauen ein.

Ganz besonders schätze ich es, dass man in lauen, aber regnerischen Sommernächten unter dem Tribünendach trocken sitzen und das Kinoprogramm genießen kann – ein Rundrum-glücklich-Paket. In der Mitte des Innenovals befindet sich ein 9-Loch Golfplatz. Während der Rennen darf allerdings nicht gegolft werden, klar. Falls Sie also mal im Stadtwald spazieren gehen, schauen sie an der Rennbahn vorbei. Oder kommen Sie tatsächlich zu einem der fünf Renntage. Frauen gerne mit Hut, denn wir sind schließlich auch ein bisschen Ascot.

DAS TROJANISCHE PFERD

Zugegeben, ein Pferd war es nicht, sondern ein Karren, in dem sich Soldaten versteckten und Krefeld preußisch machten. Aber das Prinzip war das gleiche. 1702 hatte das Reichskammergericht die Grafschaft Moers samt der Herrlichkeit Krefeld im Rahmen einer Erbschaft den Preußen zugesprochen. Damals konnten ganze Herrlichkeiten – das sind übrigens keine Bezeichnungen für die Pracht der Orte, sondern leitet sich von der Herrschaft über ein Territorium oder Lehen ab – vererbt werden.

Die Oranier hatten Moers und Krefeld bis dahin verwaltet und sie sahen nicht ein, warum sie ihre Gebiete einfach so aufgeben sollten. Wir kennen unsere liebenswerten niederländischen Nachbarn eher als Vagabunden, die mit einem Häuschen auf zwei Rädern, das sie hinter ihrem Auto herziehen, durch die Lande reisen. Aber 1702 wollten sie definitiv nicht weiterziehen. Also mussten die Preußen einen Trick anwenden. In der Nacht vom 2. auf den 3. Februar 1702 brannte es in Hüls und nachts um vier kam ein Karren, angeblich mit Verletzten, zum Niedertor in Krefeld (das ist heute Ecke Hoch- und Rheinstraße). Unter dem Stroh versteckten sich jedoch fünf preußische Soldaten. Ihnen wurde Einlass gewährt und – das können Sie sich sicher gut vorstellen – sie überwältigten schnell die überraschte Stadtwache und riefen ihre Kameraden. Der Trick funktionierte und Ende März 1702 nahm die preußische Krone die Herrlichkeit Krefeld offiziell in Besitz.
So kann es gehen, wenn man hilfsbereit ist. Moers hielten die Oranier noch zehn weitere Jahre unter ihrer Besatzung.

Miau und Wuff

Seit 1992 gibt es das Franchiseunternehmen „Fressnapf", das seinen Firmensitz in Krefeld hat. Torsten Toeller nahm vor mehr als 25 Jahren die Idee für einen Tiernahrungs- und Zubehördiscounter aus Amerika mit und mit nur 24 Jahren stürzte er sich in das Abenteuer der Selbstständigkeit. Es hat sich gelohnt.

GIB DEM AFFEN ZUCKER

Natürlich gibt man Affen keinen Zucker. Und natürlich könnte ich Ihnen jetzt jede Menge über den Krefelder Zoo erzählen. Zum Beispiel, dass er als Tierpark und Lehrstätte für die Jugend 1938 auf dem Gelände des Grotenburgparks eröffnet wurde. Dass er seit 1971 „Zoo" heißt und nicht mehr Tierpark. Dass es dort ein wahnsinnig tolles Affenhaus, ein Gorillafreigehege, ein Tropenhaus mit beeindruckenden Schmetterlingen, dass es Krokodile, Tiger und viele andere Tiere gibt. Das alles könnte ich Ihnen erzählen. Ich könnte Ihnen auch begeistert berichten, dass ich lange eine Jahreskarte hatte und sie mit den Kindern intensiv genutzt habe. Dass man im Grotenburgschlösschen nicht nur Kaffee, Kuchen und Eis, sondern leckere Gerichte bekommt. Diese Erfahrung werden viele mit mir teilen. Aber eine kleine Besonderheit habe ich dann doch noch. Es geht um Stachelschweine, die nun gerade nicht die Publikumsmagneten sind. Streicheln ist nicht und niedlich sind sie auch nicht. Trotzdem. Ja, es gibt sie im Krefelder Zoo, aber man bekommt sie so gut wie nie zu Gesicht – die großen Nager sind nämlich nachtaktiv.

Nordamerikanische Stachelschweine gibt es auch im Krefelder Zoo.

Ich hatte ein wunderschönes Erlebnis mit den Stachelschweinen, als einer unserer besten Freunde seinen 50ten Geburtstag in der Zooscheune gefeiert hat. Dazu gab es eine nächtliche Führung. Ich habe an diesem Abend die Stachelschweine gesehen – sie liefen tatsächlich in ihrem Gehege herum. Possierlich sind sie nicht und den Stacheln sollte man nicht zu nahe kommen, aber für mich war es ein ganz eindrückliches Erlebnis. Allein die nächtlichen Rufe der Tiere sind etwas ganz Besonderes. Nun müssen Sie nicht direkt die Zooscheune mieten – der Zoo bietet hin und wieder Abendführungen an. Und dann könnten Sie die Stachelschweine sehen und vieles mehr.

Die Kulturrampe am Großmarkt.

Mal die Sau rauslassen ...

Von mittwochs bis samstags tun das Musiker, Bands, Kabarettisten, Autoren und andere Künstler in der Kulturrampe auf dem Großmarkt. Außerdem kann man dort gemütlich ein Bier, Tee, Kaffee oder Wein genießen und Kultur bunkern.

GANS ODER GAR NICHT?

Ein Druckfehler? Nein – in Krefeld heißt es in den letzten Jahren Gans und dafür gar nicht. Nämlich gar nicht schwimmen. Ja, es geht um den Elfrather See. In den 1970er-Jahren hob ein Schwimmbagger Kies für den Bau der A 57 – unserer Autobahn – aus. Aus der Grube, die sich schnell wieder mit Grundwasser füllte, entstand ein See und rundherum ein Naherholungsgebiet. Das Baggerloch ist heute eine 2,3 Kilometer lange Regattastrecke. Dort ist Baden verboten. Erlaubt ist es im von der Segel- und Ruderstrecke abgetrennten Badesee, der von der DRLG überwacht wird. Aber die Rettungsschwimmer retten uns nicht vor

Solche Graugänse findet man auch zuhauf am Elfrather See.

den Gänsen. Die fühlen sich so wohl, dass sie sich nicht mehr vertreiben lassen. Und sie ... hmmm ... nun ja, die Gänse leben dort, brüten, fressen und ... koten. Kurzum, der Badesee ist völlig verdreckt. Früher war ich mit den Kindern im See schwimmen. Das würde ich heute nicht mehr machen. Aber als Erholungsgebiet taugt es alle Male und man kann Minigolf spielen, es gibt einen großen Abenteuerspielplatz, Grillplätze und eine große Hundefreilaufwiese ... und ... na ja ... Wildgänse. Wer Wassersport treibt, ist auf dem See gut aufgehoben. Ach ja – einen FKK Abschnitt gibt es tatsächlich auch – der wird allerdings ebenfalls von den Gänsen benutzt, ohne dass sie ihr Gefieder ablegen.

Grinsekatze

Eigentlich sind die beiden Inhaberinnen des Liesgens in der Wiedenhofstraße Designerinnen, aber sie haben Reißbrett gegen Schürze getauscht und ein Café aufgemacht. Es gibt nicht nur Leckeres für den Magen, sondern auch noch jede Menge Augen- und manchmal sogar ein Ohrenschmaus. Das Maskottchen des Cafés ist die Katze, die an der Milchflasche nuckelt. Ein wirklich charmantes Café mit jungem Service und auch für Veganer geeignet.

Muss ja nicht sein. Bei der Stadt denkt man darüber nach, wie man das Problem in den Griff bekommt und ist von einer Lösung weit entfernt. Und leider schmettert die Stadt auch immer wieder Pläne ab, wie man das Gelände für Freizeitzwecke noch nutzen könnte. Investoren gab es einige, die Interesse gezeigt haben. Aber Sie kennen ja den Spruch: Die Hoffnung stirbt zuletzt.

Alle zwei Jahre schwimmen die Gummienten im Stadtwaldweiher um die Wette.

Quak

Der Lions Club Krefeld und Leo Club Krefeld, die sich zur Aufgabe gesetzt haben, die Entwicklung junger Menschen zu fördern und zur Völkerverständigung beizutragen, richten seit 2007 alle zwei Jahre das Entenrennen auf dem Stadtwaldweiher aus. Zusätzlich gibt es einen Schönheitswettbewerb, bei dem selbst verschönerte und gestaltete Gummienten gegeneinander antreten. Inzwischen ist der Event zu einem Familienfest angewachsen. Die Erlöse kommen bedürftigen Kindern zugute.

HINTERAUSGANG

ZUM TEUFEL DAMIT

Krefeld

BEEINDRUCKEND

ER HATTE DEN KAFFEE AUF ...

DAS IST JA INTERESSANT!

Ich finde es immer wieder spannend, durch die Straßen zu gehen und Neues zu erfahren. Doch auf den ersten Blick sieht man oft gar nicht, welche Geschichten sich hinter den Fassaden ereigneten, wer dort gelebt hat oder was dort passiert ist.
Der Kliedbrucher Bürgerverein hatte eine sehr geniale Idee, um besondere Orte im Kliedbruch aufzuzeigen. 18 Texttafeln wurden aufgestellt, die die Geschichten des Bruchs erzählen.
So erfährt man unter anderem, wie ein Teil des Bruchs mit Dampfpflügen urbar gemacht wurde, dass dort eine Kirche steht, die umziehen könnte und dass im Bruch früher der Galgenplatz Krefelds war.

Es lohnt sich also, bei Spaziergängen die Augen offen zu halten. Ich finde diese Idee des Bürgervereins vorbildlich und würde mir das auch für andere Stadtteile wünschen.

Werner Rittberger, der der Eissporthalle seinen Namen gab.

Eiskalte Kür

Er war zwischen 1911 und 1928 der erfolgreichste deutsche Eiskunstläufer. 1975 verstarb Werner Rittberger, der in Krefeld lebte und trainierte. Einfacher, zweifacher oder gar dreifacher Rittberger – das ist ein Kantensprung, den er erfand und der bis heute zur Kür jeden Eiskunstlaufwettbewerbs gehört.

ZUM TEUFEL DAMIT

Heinrich Nauen, ein Bäckersohn aus Krefeld, wurde 1880 geboren. Noch ein berühmter Maler aus unserer Stadt. Sicherlich haben Sie schon mal etwas über ihn gehört oder gelesen. Auch er ging wie Campendonk, mit dem er befreundet war, nach München und befasste sich mit der Malerei der Gruppe „Der Blaue Reiter“, doch das war nichts für ihn, sagte er. Die Spontaneität war ihm suspekt, er bevorzugte den konstruierten Bildaufbau. Von 1906 bis 1911 lebte und arbeitete er in Berlin. Doch erfolgreich war er nicht. Voller Wut und Verzweiflung verbrannte er 1910 die meisten seiner Bilder. Das ist ziemlich schade, denn er war ein begnadeter Künstler. Er kehrte übrigens fast jedes Jahr für ein paar Wochen an den Niederrhein zurück. In Orbroich besaß die Familie einen Kotten namens „Der Düwel“, und dort hatte Nauen ein Atelier. Später hatte er dann doch Erfolg. Er gilt als einer der bedeutendsten Maler des rheinischen Expressionismus.

Der Krefelder Expressionist Heinrich Nauen.

Köstlichen Kaffee gibt es hier.

Er hatte den Kaffee auf ...

Thomas Dieker hatte keine Lust mehr, Programmierer zu sein, deshalb wurde er Kaffeeröster und eröffnete das Stammgeschäft auf der Breiten Straße in Krefeld.

Er röstet jeden Tag, aber geöffnet ist nur freitags und samstags. Gelernt hat er das Handwerk und die schonende Veredelung des Kaffees in Köln. Das Ladenlokal mit der alten Einrichtung ist ein wahres Schatzkästchen und sehenswert. (Nase auf – schnuppern erlaubt, Geschmacksexplosionen garantiert).

HINTERAUSGANG

Haben Sie sich schon mal gewundert, was das für ein Tor an der Mennoniten-Kirch-Straße ist? Natürlich ist es das Tor zur Mennoniten Kirche. Der Eingang liegt aber heute an der Königsstraße. 1691 wurde der Gemeinde gestattet, ein Gotteshaus zu bauen, aber es durfte nicht als solches erkannt werden. Also lag es in einem Hof, umgeben von einer hohen Mauer. Die ist nicht mehr da, nur noch das alte, wunderschöne Tor. Dieses ist heute das älteste erhaltene Bauwerk

Der heutige Eingang zur Mennonitenkirche.

der Krefelder Innenstadt. Ursprünglich war die Kirche ein einfacher rechteckiger Bau. 1843 wurde von dem Stadtbaumeister Freyse ein Chorraum an der Westseite und ein kleiner Vorraum an der Ostseite angebaut. Seitdem erfolgt der Zugang von der Königstraße aus und zwar bis heute.
Ihre Gottesdienste mussten die Mennoniten später abhalten als die Protestanten und Katholiken, erst ab elf war es ihnen gestattet – damit bloß keiner der braven Christen auf die Idee kam, dort zur Andacht zu gehen.
Die Mennonitengemeinde gibt es immer noch in Krefeld. Ein Besuch der alten, schlichten Kirche lohnt sich, man scheint die Zuversicht und Frömmigkeit der vergangenen Jahrhunderte quasi spüren zu können. Und wenn Sie einmal da sind, schauen Sie doch rechts neben das Gotteshaus – dort steht ein alter Maulbeerbaum. Angeblich wurde der Setzling aus China geschmuggelt und den von der Leyen geschenkt, die ihn auf dem Kirchhof pflanzten. Seidenraupen ernähren sich von Maulbeerblättern – aber das wussten Sie als Samt- und Seidenstädter sicher schon.

DIE HIGH-SOCIETY

DA HABEN WIR SCHWEIN GEHABT

Krefeld

SCHALLEND

IM NAMEN DES HERRN L UNTERWEGS

VOLL AUF STROM

Darf ich vorstellen: Alessandro Giuseppe Antonio Anastasio Graf von Volta. Er starb am 5. März 1827 und zwar in Como. Er hat die erste Batterie erfunden und deshalb heißt auch die Maßeinheit für elektrische Spannung „Volt". Der Graf selbst hatte mit Krefeld gar nichts zu tun. Aber in der Stadt gibt es einen Volta-Platz, nicht besonders attraktiv und ziemlich versteckt. Er liegt hinter dem Bahnhof, zwischen der Volta- und Ritterstraße. Eigentlich ist es eher ein Stück ungepflegter Wiese.

Interessanter als der Platz selbst ist die Skulptur des Künstlers Richard Deacon, die im Volksmund als „Doppelohr" bekannt ist. Der Künstler nannte es „Building from the Inside". Deacons Skulptur scheint in Richtung Stadt zu horchen, fängt in seinem Inneren die Geräusche der Umgebung, ohne sie zu verstärken. Vielmehr scheint das Doppelohr die Klangkulisse der Stadt eher zu schlucken.

Das Doppelohr auf dem Voltaplatz.

Jeder, der vorbeikommt, kann es begehn und lauschen … könnte ja spannend sein. Einen elektrischen Schlag haben Sie nicht zu erwarten. Volta hat sich übrigens mal die beiden Elektroden seiner Batterie in die Ohren gesteckt – und bekam einen Schlag. Es hätte sehr laut geknallt, soll er gesagt haben, als er wieder bei Bewusstsein war. Einen leichten Hörschaden hat er vermutlich davongetragen.

DA HABEN WIR SCHWEIN GEHABT

Früher wurden an der Dießemerstraße Rinder und Schweine im städtischen Schlachthof geschlachtet, heute finden in einem Teil der alten Gebäude Konzerte und andere kulturelle Veranstaltungen statt. Angefangen hat das Ganze schon früher – nämlich 1983 mit einem zweitägigen Festival – damals noch am Dießemer Bruch. Doch das Konzept wuchs, die KuFa florierte und zog in den 90er-Jahren um in die Dießemer Straße. Musik, Kabarett, Comedy, (Kinder-) Theater, Film, Literatur, Kunst in eigener Galerie und Disco – all das findet man in der KuFa. Betrieben wird sie von einem gemeinnützigen Verein und wenn Sie etwas für das Kulturleben in Krefeld tun möchten, gehen Sie zu den Veranstaltungen. Spenden können Sie natürlich auch so – eine Spendenquittung ist garantiert.

BIS DASS DER TOD EUCH SCHEIDET

Das Theater in Krefeld ist eng verbunden mit dem in Mönchengladbach. Sie sind eine Ehe eingegangen. Bekanntermaßen ist Theater meistens Drama und so gibt es auch in diesem Fall einen Dritten im Bunde. Eine Dreiecksgeschichte, die alles beinhaltet – Liebe, Ablehnung, Betrug, Vorwürfe, Trennungen, und schließlich die Versöhnung.

Die Geschichte der Theater ist spannungsgeladen, voller Tragödien, aber eigentlich ist sie komisch und witzig. Angefangen hat das Ganze schon recht früh in Krefeld – dort machte nämlich 1776 ein Wandertheater halt. Das gefiel den Krefeldern. Na klar, unterhalten lassen wir uns doch gerne. Ein paar Jahre später gab es einen Holztheaterbau auf der Lutherischen Kirchstraße. Und 1825 errichtete Michael Rump ein Theaterlokal an der Uerdinger Landstraße, das er aus eigener Tasche finanzierte. „Zelt" wurde dieser Holzbau vor der Stadt genannt und er diente als Tanz-, Theater- und Konzertsaal. Richtig rentabel war das nicht. Und so gab es immer wieder verschiedene Gesellschaften und Leute, die versuchten, Kunst und Kultur in der Stadt zu etablieren. Ich will Sie aber nicht mit Namen und Jahresdaten langweilen – kommen wir zu spannenden Teil der Liebesgeschichte.

Das erste Treffen der beiden Liebenden war am 11. Dezember 1862 – ein Gastspiel des Krefelder Theaters im Noever'schen Saal in Mönchengladbach. In den nächsten Jahrzehnten sollten derer mehr stattfinden. Aber dann Mitte September 1903

Es kommt anders, wenn man denkt –

– das sagt David Werker unter anderem. Er ist in Krefeld aufgewachsen, hat dort Abitur gemacht und wohnt immer noch auf der richtigen Rheinseite, jetzt aber in Köln. Witzig war der aufstrebende Comedian und Buchautor schon immer, und hin und wieder ist er auch in seiner Heimatstadt zu sehen.

Hier kann man etwas erleben – Stadttheater Krefeld.

gründete sich im Gasthof Herfs eine Theatervereinigung. Am 29. November 1903 wurde die Kaiser-Friedrich-Halle eingeweiht und am 5. Januar 1904 das erste Theater Mönchengladbach mit Fidelio eröffnet. Kurz darauf wurde Ferdinand Pester Theaterchef und 1906 wurde eben dieser ebenfalls Theaterdirektor in Krefeld. Alles gut so weit ... bis auf Rheydt – da gab es nämlich auch Theater, genauer Kammerspiele. Und die warben um Gladbach.

Nach dem Ersten Weltkrieg – unsere beiden Liebenden flirteten nach wie vor heftig miteinander – wurde in Krefeld das Stadttheater gegründet und Pester zum Direktor degradiert. 1921 wird die Ehe der beiden Theater geschlossen und besiegelt. Doch Gladbach fühlt sich benachteiligt und lässt sich 1924 scheiden. Krefelds Theater kämpft weiter und die Krefelder Bürger spenden und unterstützen ihr Theater. Sie halten es am Leben, bis der Bombenangriff, der 1943 große Teile der Innenstadt zerstört, auch das Theater an der Rheinstraße trifft.

Nun gerät Gladbach in monetäre Schwierigkeiten. Weder Unterhalt noch Alimente gibt es – da muss man sich eben umschauen ... 1926 gingen die Spielstätten Mönchengladbach und Rheydt eine Liaison ein.

Am 1. September 1944 wurden alle deutschen Theater geschlossen. Und wie ging es nun weiter? Nach dem Krieg hatte Gladbach noch sein Haus, aber wenig Mittel und so mussten die Zuschauer frieren. Krefeld hatte eine Art Wanderbühne, spielte mal auf der Burg Linn, mal in einer Schule, mal im Dreikönigenhaus. Und es gab eine Versöhnung der beiden Häuser Krefeld und Mönchengladbach. Am 19. April 1950 unterzeichneten die Räte der Städte Krefeld und Mönchengladbach einen Theatervertrag, der die eigenständigen Bühnen der Städte zu den „Vereinigten Städtischen Bühnen Krefeld und Mönchengladbach“

(VSB Krefeld-Mönchengladbach) zusammenführte. Und Rheydt guckte dumm aus der Wäsche. So ist das eben manchmal bei Dreiecksgeschichten. Beide Häuser haben neue Spielstätten bekommen und inzwischen wurde ein ordentlicher Ehevertrag ausgehandelt – es gibt nun eine gemeinnützige GmbH. So kann es gehen mit der Liebe, die aber alles in allem beide Spielstätten verbindet.

IM NAMEN DES HERRN L UNTERWEGS

Ein schöner Sommerabend? Es ist noch lange nicht dunkel, die Kinder sind noch wach – also los, ab in den Biergarten. So machen wir das schon seit Jahren. Der Biergarten des Stadtwaldhauses ist einer der größten am Niederrhein – gut 2000 Personen finden Platz. Und oft ist es dort proppevoll, aber man hat nie ein Sardinendosengefühl. Rustikal ist es im hinteren Bereich, wo die Selbstbediener auf einfachen Bänken an schlichten Tischen Platz nehmen. Meist mit einer Brezel, einer Ofenkartoffel oder einem Stück Leberkäse. Natürlich gehören ein großes, herrlich kühles Bier oder eine Weinschorle dazu. Ich liebe es, dort zu sitzen und auf den Weiher zu gucken. Menschen kommen und gehen, Kinderlachen liegt in der Luft und manchmal Musik aus der Konzertmuschel. Und die Bedienungen mit dem netten Aufdruck „Im Auftrag des Herrn L“ auf den T-Shirts, flitzen durch die Bankreihen.

Der Biergarten im Stadtwald lädt zum Verweilen ein.

Schon 1902, kurz nach der Eröffnung des Stadtwaldes, wurde die Waldschänke in Betrieb genommen und mehrfach erweitert. Viele Abiturfeiern werden im wundervollen Jugendstilhaus gefeiert, die Gansessen im Herbst sind oft ausgebucht. Vielleicht sehen wir uns ja mal an sonnigen Spätherbst- oder Frühlingstagen, um an diesem schönen Platz die letzten oder ersten warmen Abende zu genießen.

DIE HIGH-SOCIETY

High-Society in Krefeld? Auf der Rennbahn? Im Theater? Bei der Straßenmodenschau (so es sie denn gibt) oder im Museum (so es denn geöffnet hat)? 1956 fand man die High-Society im Keller eines Hauses auf der Marktstraße. Wirklich wahr. Damals wurde nämlich der Jazzkeller gegründet, der 1958 in einen anderen Keller in der Lohstraße umzog. Der Studentenklub hieß damals „High-Society“, nach dem Film mit Grace Kelly, Louis Armstrong, Frank Sinatra und Bing Crosby – Sie erinnern sich?

Und seitdem gibt es den Jazzkeller mit allen Höhen und mal Tiefen. Umgebaut, renoviert und modernisiert wurde er mehrfach, einmal in den 70ern gab es einen Brand. Aber der Jazzkeller lässt sich nicht unterkriegen, was daran liegen mag, dass er ja schon quasi unter der Erde ist.

Illustere Gäste haben sich im Laufe der Zeit dort eingefunden. Klaus Doldinger spielte mehrfach im Jazzkeller, Mangelsdorff, Kriegel, Hampel und Schoofs. Gerüchten zufolge war Jil Sanders, die ihre Ausbildung zur Modedesignerin in Krefeld machte, Stammgast. Heute ist sie nicht mehr da, dafür hat sich aber das Programm deutlich erweitert. Es gibt nicht nur Jazz, sondern auch Soul, Funk, Pop, natürlich Rock, Blues, Ska und Cover. Außerdem bietet der Jazzkeller Raum für Kabarett und Comedy. Liveunterhaltung ist ihr Motto und dafür kann man sich schon mal unter die Erde wagen.

Im Jazzkeller ist immer etwas los.

KNAPP AUF KANTE

UND WAS IST SPUNK?

Krefeld

ANSEHNLICH

VIER MÄNNER FÜR EINE BRÜCKE

ES REGNET, ES REGNET, DIE ERDE WIRD NASS

Ja, es regnet oft in Krefeld. Der Niederrhein ist eben ein feuchtes Gebiet. 750 Liter pro Jahr und Quadratmeter fallen hier im Durchschnitt. Wenn es viel und oft regnet – und das gar nicht mal bei uns, so es viel Schnee und Eis gab – und zwar irgendwo am Oberrhein, kann es sein, dass der Fluss Hochwasser führt. Und das kommt dann zu uns.
Flugs rücken die Männer der Stadt an und schließen in Uerdingen das Rheintor. Da der Deich in einem guten Zustand ist, können wir vor dem Hochwasser sicher sein. Fast zumindest.
Die Klimaerwärmung soll uns ja noch mehr Niederschläge bringen. Warten wir es ab – und solange das Wetter schön ist, empfehle ich Ihnen einen Spaziergang

durch das geöffnete Tor hindurch und am Rhein entlang. Ein bisschen Nieselregen macht ja nichts – dagegen gibt es Schirme und Sie haben ja sicherlich einen.

DER MANN, DER AUF EINEN BERG KLETTERTE UND VON EINEM HÜGEL HINABSTIEG

So oder so ähnlich könnte ein wunderbares Krefelder Epos lauten. Kennen Sie den Film „Der Mann der auf einen Hügel stieg und von einem Berg herunterkam"? Eine süße Geschichte um einen walisischen Berg, den die Anwohner davor retten, zum Hügel herabgestuft zu werden.
Diese Gefahr besteht beim Hülser Berg nicht, denn er ist ja gar kein Berg. Er ist lediglich 63 Meter hoch und somit die höchste natürliche Erhebung in Krefeld und eher ein Hügel. Aber in einer Landschaft, in der man am Montag schon sieht, wer einen am Sonntag besuchen kommt, erscheint der Hülser Berg tatsächlich richtig hoch. Eine Legende sagt, dass ein Riese mit einer Schubkarre voller Steine und Lehm aus dem Harz kommend hinter Krefeld stolperte, die Schubkarre umkippte und somit war der Hülser Berg geschaffen. Profan betrachtet handelt es sich um eine Erhebung, eine Endmoräne der Saale Eiszeit. Aber die Geschichte mit dem Riesen ist viel hübscher.

Auch die Bergschänke hat einen Biergarten.

Spiele statt Brot.

Mach doch mal Theater ...

Theater, das gibt es in der ehemaligen Brotfabrik Im Bram seit fast zehn Jahren – nämlich das freie Kinder- und Jugendtheater „Theater hintenlinks". Peter Gutowski schreibt die Stücke, seine Frau Anuschka steht auf der Bühne. Freie Künstler unterstützen die beiden. Mindestens alle zwei Jahre gibt es auch ein Stück für Erwachsene, doch die Zielgruppenunterteilung wird sowieso nicht so streng gesehen.

KNAPP AUF KANTE

1995 war es, da wurde die neue Herzklinik des Helios Krankenhauses eröffnet. Erinnern Sie sich daran? Und auch an die Debatte um den Mann auf dem Dach? Da steht er seitdem, direkt an der Kante, und schaut mit starrem Blick über Krefeld. „Mann mit grünem Hemd und grauer Hose" – eine Skulptur von Stephan Balkenhol. Es gab damals viel Trara um das Kunstwerk, das öffentlich ausgeschrieben worden war. Kunst, das konnte man sich damals noch leisten. Heute werden Straßenbahnhaltestellen überdacht. Nun ja.

Springt er? Oder springt er nicht?

Auch Künstler aus Krefeld hatten sich beworben, aber Balkenhol bekam den Zuschlag.
Das erhitzte einige Gemüter, andere machten sich große Sorge, denn ein Mann, der so ganz am Rande des Dachfirstes eines Krankenhauses steht, erweckt der nicht den Eindruck, Selbstmord begehen zu wollen? Oder noch schlimmer – könnte die Skulptur gar andere dazu anregen, vom Dach zu springen? Ein 30-seitiges Gutachten wurde in Auftrag gegeben und natürlich sagte es aus, dass nichts dergleichen passieren wird. Stimmt, bisher hat noch keiner vom Dach des Helios Suizid begangen. Der Mann mit dem grünen Hemd steht aber immer noch da und schaut über Krefeld – auch er ist bisher nicht gesprungen.

Groß, größer – das Größte

Das Beachhandball Turnier am Elfrather See ist mittlerweile das größte in Europa und das darin eingebettete Masters ist 2015 erstmals ein Turnier der Europäischen Handball Förderation (EHF). Schnelligkeit, Ausdauer und Dynamik zeichnen diese Trendsportart aus. Außerdem organisieren die Handballer des SC Bayer und der Beachclub Krefeld den beliebten Beach Handball Cup auf der Anlage am Löschenhofweg. Beide Ereignisse sind durchaus sehenswert.

VIER MÄNNER FÜR EINE BRÜCKE

Malerisch ist sie, besonders nachts, die Drehbrücke im Hafen. Sie verbindet seit 1905 Linn mit dem Rheinhafen und dem Rheinufer. Damals war Linn noch eigenständig, erst ein Jahr später wurde es nach Krefeld eingemeindet.
Die alte Jugendstildrehbrücke ist ein wahrer Hingucker und ein Baudenkmal. Als sie erbaut wurde, war sie hochmodern und ist heute noch im funktionstüchtigen Originalzustand. So kann die Brücke um 90 Grad gedreht werden, wenn ein Schiff zu hoch ist, um drunter her zu fahren. Das passiert etwa 150-mal im Jahr, meistens während Hochwasser. Zur Einweihung des technischen Wunders wollte einst sogar der Kaiser kommen – doch dann war er unpässlich. Also entsandte er zwei Torpedoboote, aber die erreichten ihr Ziel nicht, weil das Wetter zu schlecht war. Sie wären wahrscheinlich unter der Brücke durchgekommen, ohne dass sie hätte angehoben werden müssen.

Nächtlicher Blick auf die Drehbrücke in Linn.

Drunter kommt man also in jedem Fall – aber drüber? Das geht nur einspurig. Und deshalb wird darüber diskutiert, die Brücke abzureißen und eine neue, breitere, leistungsfähigere zu bauen. Aber das wäre doch wirklich, wirklich schade. Im Moment fehlt das Geld – sollte es irgendwann man da sein, plädiere ich für eine neue Brücke ohne den Abriss der alten.
Damit die Brücke gedreht werden kann, wird sie mittels Hubkolben um 11 Zentimeter angehoben, und zwar im Mittelpfeiler. 700 Tonnen wiegt die Stahlkonstruktion

und ein 30-PS-Motor sorgt für den benötigten Druck. Es geht aber auch ohne – vier Mann braucht es, um den Hebe- und Drehvorgang manuell vorzunehmen. Können Sie sich das vorstellen? Ich nicht so wirklich, aber ich habe mich erkundigt – es ginge tatsächlich mit reiner Menschenkraft, doch meist macht es der Motor.
Die andere große Brücke in Uerdingen führt über den Rhein. Sie wurde 1936 eingeweiht, 1945 gesprengt, 1950 wiedereröffnet. Natürlich ist die Brücke, die Uerdingen mit Mündelheim verbindet, ein wichtiger Verkehrsweg, hübscher anzusehen ist aber die Drehbrücke.

Zwei Stolpersteine auf der Wilhelmshofallee.

Gucken, nicht stolpern

Die Aktion „Stolpersteine" gibt es auf Initiative des Künstlers Gunter Demnig bundesweit und seit 2006 in Krefeld. Die Stadt war erst dagegen, aber die Schüler der Kurt-Tucholsky-Gesamtschule sammelten überraschende 14 000 Unterschriften der Krefelder dafür und seitdem gibt es die Messingplatten. Sie erinnern an die getöteten und deportierten Juden in Krefeld.

UND WAS IST SPUNK?

Sicher, Sie kennen Pippilotta Viktualia Rollgardina Pfefferminz Efraimstochter Langstrumpf – genannt Pippi Langstrumpf von Astrid Lindgren. Was hat die jetzt mit Krefeld zu tun? Spunk ist das Kino für Kinder in der Fabrik Heeder. Dort werden gute, ungewöhnliche und ungewöhnlich gute Filme für Kinder und Jugendliche gezeigt.

Und Spunk ist ein Wort, das Pippi Langstrumpf eines Morgens, als sie mal eben eine ganze Sahnetorte zum Frühstück isst, einfällt. Würde ich eine ganze Sahnetorte frühstücken, wären es vermutlich andere Worte, die mir einfallen würden – grmppf, würg ... Jedenfalls heißt das Kinderkino in der Fabrik Heeder Spunk.

Theaterspielstätte und Restaurant – die Fabrik Heeder.

Aber dort gibt es noch viel mehr zu sehen und zu hören. 1906 konnte man alles, was aus der Fabrik kam, an die Wand klatschen – dort wurden nämlich Tapeten hergestellt. Seit 1989 wird das Backsteingebäude als städtisches Kulturzentrum genutzt.

Da gibt es das KRESCH Theater – das Kinder- und Jugendtheater der Stadt, es gibt MOVE! Krefelder Tage für modernen Tanz, es gibt dort Studiostücke vom Stadttheater, freies Theater und noch einiges mehr. Und auch wenn sie vielleicht nicht wussten, was Spunk ist, die Fabrik Heeder kannten Sie doch sicher schon, oder?

DONNERWETTER!

Das Haus der Seidenkultur in der Luisenstraße sollte Ihnen bekannt sein. Ja, sagen Sie jetzt vielleicht, aber ich war noch nie drin. Das wäre wirklich schade, denn das Haus ist Industriedenkmal und gleichzeitig ein Museum. 1868 wurde das „Vierfensterhaus" gebaut, 1905 übernahm es die Paramentenweberei Hubert Gotzes. Was zum Kuckuck sind denn Paramente?, mögen Sie sich genauso fragen, wie ich es mich gefragt habe. Das sind, so weiß ich jetzt, Gewänder für Priester. Die waren damals noch sehr prächtig, bunt, und wurden aufwendig hergestellt. An einem Tag schaffte ein erfahrener Weber nur einen halben Meter des kostbaren Stoffes. Stellen Sie sich vor – die meisten Gewänder der Firma gingen nach Nordamerika, denn dorthin war einer der Söhne ausgewandert, Chicago. Und dann gab es 1926 den 26. Eucharistischen Weltkongress in Amerika – die Priester und Bischöfe versammelten sich, um zu diskutieren, beten und Messen zu feiern. Natürlich gab es auch eine Prozession, doch der Draht nach oben war wohl gestört, denn ein Unwetter ging nieder und so wurden die Priester klatschnass. Die meisten sahen danach aus wie begossene Pudel – ihre Ornate und Paramente hatten Farbe und Form verloren.

Das Industriedenkmal ist auch ein Museum.

Nur diejenigen, die ihre Kleidung aus Krefeld bezogen hatten, waren zwar nass, aber immer noch farb- und formecht. Die Kunde der guten Paramente gelangte sogar bis zum Papst und die Firma blühte auf. All das und noch viel mehr wird in dem Industriedenkmal gezeigt.

Über den zweistündigen Besuch des Hauses hinaus, werden von dem gemeinnützigen Verein Stadtspaziergänge oder Stadtrundfahrten „Auf seidenen Pfaden" angeboten. Und anschließend könnten Sie sich eine niederrheinische Kaffeetafel gönnen.

Im Sommer auch schon mal mit Sonnenbrille.

Bildungslücke

Zwischen der Mediothek und dem Stadttheater steht eine Statue und zwar von dem berühmten italienischen Dichter Dante Alighieri. Das liegt daran, dass Krefeld lange Zeit Dante-Stadt war. Im Zug hatte der damalige Leiter der Bücherei den Vorsitzenden der Dante Gesellschaft getroffen. Die Dante Gesellschaft war aus Weimar vertrieben worden, Zuflucht fand sie für einige Zeit in Krefeld. Inzwischen ist die Gesellschaft wieder nach Weimar umgezogen, aber unser Dante-Denkmal (geschaffen von Giannino Castiglioni) gehört uns und bleibt.